Lothar Simmank

111 Mal lecker essen in Nordhessen – wo's schmegged

111

emons:

Bibliografische Information der Deutschen Nationalbibliothek
Die Deutsche Nationalbibliothek verzeichnet diese Publikation in der Deutschen Nationalbibliografie; detaillierte bibliografische Daten sind im Internet über http://dnb.d-nb.de abrufbar.

FSC
www.fsc.org
MIX
Papier | Fördert gute Waldnutzung
FSC® C083411

Covergestaltung: Karolin Meinert
Lektorat: Julia Lorenzer
Gestaltung: Eva Kraskes, nach einem Konzept von Lübbeke | Naumann | Thoben
Kartografie: altancicek.design, www.altancicek.de
Kartenbasisinformationen aus Openstreetmap,
© OpenStreetMap-Mitwirkende, ODbL
Druck und Bindung: CPI – Clausen & Bosse, Leck
Printed in Germany 2024
ISBN 978-3-7408-2061-9

Vorwort

Wenn man der nordhessischen Küche auf die Spur kommen will, muss man vor allen Dingen eines: essen. Und trinken. Das ist die bleibende Erkenntnis, die der Autor – neben ein paar zusätzlichen Pfunden – beim Schreiben dieses kulinarischen Reiseführers gewonnen hat. Meist war ich mit meiner Frau unterwegs: Zwischen Bad Karlshafen und Bad Hersfeld, zwischen Willingen und Witzenhausen gibt es eine Menge einschlägiger Genussorte, wo's schmegged, wie der Nordhesse sagt.

Ich denke da an die Marzipantorte, die wir im Café verspeisten, während uns ein altgedienter Politiker die Feinschmecker-Heimatregion erklärte. An den üppigen Grillteller, von dessen eingepackten Resten wir uns zu Hause noch fast eine ganze Woche ernähren konnten. An die Praline mit Ahle-Wurscht-Geschmack beim Chocolatier – und an die Ahle Wurscht mit Schoko-Geschmack beim Metzger. An den Champagner aus Apfelsaft, der aber nicht so heißen darf. An die Imbissbude mit der Hawaii-Currywurst. An die Tapas-Bar, die mit Weckewerk überraschte. An den Bio-Hotdog und das Fischbrötchen beim Sonnenuntergang am Seeufer. An den Kücheneinsatz, bei dem ich mit prominenten Schauspielern Fisch filetierte und Wein trank. Und an den Fleischermeister, der den kategorischen Satz sprach: »Wenn man reinbeißt, muss sich die Ahle Wurscht anfühlen wie Marzipan.«

Womit sich der Kreis gewissermaßen schließt wie eine Dürre Runde, weil sich hierzulande fast alles um die Ahle Wurscht dreht. Zu Recht, denn das geräucherte oder luftgetrocknete Produkt aus der Wurstekammer ist ein von der EU offiziell anerkanntes Kulturgut, dem man in vielen Gasthäusern in und um Kassel begegnet. Übrigens auch in Restaurants der gehobenen Kategorie, die auf qualitätvolle und nachhaltige Lebensmittel Wert legen.

Kommen Sie mit auf die kulinarische Reise durch Nordhessen, wo die Küche zu ihrer bäuerlichen Herkunft steht, aber zu neuen Höhenflügen aufbricht.

111 Mal lecker essen

1 Das Hofcafé Sickenberg

Walnusskuchen in der guten Stube

Hier kommt man nicht zufällig vorbei. Fernab der großen Verkehrswege liegen die Dörfer Asbach und Sickenberg. Und doch geriet die Gegend 1945 in den Fokus der Weltpolitik. Denn damals kamen die ursprünglich hessischen Dörfer im Zuge von Grenzkorrekturen zu Thüringen. Das Grenzmuseum Schifflersgrund vor Ort erzählt die Geschichte der »Whisky-Wodka-Linie«, als sich Amerikaner und Sowjets über den Verlauf der Bahnlinie einigten und dafür einige Zonen-Dörfer tauschten.

Der Hof Sickenberg in unmittelbarer Nähe zum Grünen Band der ehemaligen innerdeutschen Grenze befindet sich deshalb schon auf thüringischem Boden. Etwa vier Kilometer vom hessischen Bad Sooden-Allendorf entfernt entdecken Ausflügler hier einen Ort, an dem die Zeit stehen geblieben zu sein scheint. Vor einigen Jahren übernahm Annika Löschau den leer stehenden denkmalgeschützten Vierseithof, renovierte alles von Grund auf und richtete eine Pension und ein Hofcafé ein. Besucher gehen an Streuobstwiesen und Schafweiden vorbei, passieren einen üppigen Bauerngarten und landen zur kalten Jahreszeit in der guten Stube des Fachwerkhauses, wo ein Holzofen wohlige Wärme verbreitet.

An der Kuchenvitrine in der Diele steht man an, um sich Kaffee und Selbstgebackenes abzuholen. Als Erstes fällt der Walnusskuchen ins Auge – mit erntefrischen Nüssen aus dem Garten. Aber auch die anderen Hoffrüchte wurden verarbeitet: Der Kirsch-Sahne-Zimt-Streusel, der Kürbiskernkuchen mit Krokant, die Beschwipste Birnen-Schoko-Torte und die Haselnuss-Birnen-Sahne sehen verführerisch aus und wollen gern auf dem Teller mit an die Kaffeetafel genommen werden. Dort sitzt man in überschaubarer Runde auf altmodischen Wohnzimmerstühlen, freut sich an bunten Herbstblumensträußen und lässt es sich schmecken. Wer über Nacht in der Pension bleibt, den erwartet zum Frühstück ein kleines kulinarisches Erlebnis aus ökologischer Produktion.

Adresse Sickenberg 9, 37318 Asbach-Sickenberg, Tel. 036087/97696, www.hof-sickenberg.de | **ÖPNV** vom Bahnhof Bad Sooden-Allendorf 4 Kilometer Fußweg | **Öffnungszeiten** April–Nov. Sa, So und Feiertage 14–18 Uhr

2 Das Café Prinzess Emma

Rosa Marzipan-Traum

Rosa leuchtet es aus der Kuchentheke. Die Emma-Torte zieht alle Blicke auf sich, Rosa sticht Schokobraun, Stachelbeergrün und sogar Erdbeerrot. Auf jedem Stück mit Zuckerguss: der Name »Emma«. Marzipan, Buttercreme und Preiselbeeren sind die Hauptzutaten der gefragten Konditorspezialität aus Bad Arolsen. Tanja Nikoleit, Inhaberin des Cafés Prinzess Emma, verrät das Geheimnis der hausgemachten Torte, die trotz aller Süße eine gewisse Leichtigkeit hat: »Die Buttercreme zwischen den Teig- und Marzipanschichten soll eine Konsistenz haben, die keinen Zahnabdruck hinterlässt. Unangebissen aber muss die Emma-Torte zunächst gut aussehen, um sich optisch zwischen Rotkäppchen mit Käsesahne, Mohnstreusel und Stachelbeer-Baiser zu behaupten.«

Emma – woher kommt der Name von Café und Torte? Das ist schnell erklärt, wenn man sich in dem kleinen Salon an der barocken Schlossstraße umsieht. Kronleuchter hängen über Tischen, Sofas und Stühlen zwischen prachtvollen Deckengemälden, die Wände zieren Porträts aus einer anderen Zeit. Sie zeigen Prinzessin Emma zu Waldeck und Pyrmont (1858–1934), die gewissermaßen in der Nachbarschaft aufwuchs, im Arolser Residenzschloss nämlich. Im Alter von 20 Jahren heiratete sie den 41 Jahre älteren niederländischen König Wilhelm III. Als die Tochter der beiden zehn Jahre alt war, starb der König, und Emma wurde Übergangskönigin – bis zur Volljährigkeit von Wilhelmina, die mit 18 den Thron bestieg.

Bis heute verehren die Niederländer ihre deutschstämmige Regentin. Das zeigte zuletzt 2008 ein Besuch von Ex-Königin Beatrix, der Urenkelin Emmas, bei ihrem Cousin, dem Waldecker Fürsten Wittekind. Holländische Touristen und Einheimische freuen sich hingegen über das benachbarte Café. Dort essen sie mit Vorliebe nicht nur leckere Waffeln mit Zwetschgenkompott, heißen Kirschen oder Erdbeeren, sondern eben auch den rosafarbenen Traum aus Marzipan.

Adresse Schlossstraße 17, 34454 Bad Arolsen, Tel. 05691/628989 | **ÖPNV** Bus 560, 561, Haltestelle Bad Arolsen Residenzschloss | **Öffnungszeiten** Di–So 11–18 Uhr

3 Das Friedrichs

Zwischen Wagyū-Beef und Wildschwein

Die Fürstliche Festtagssuppe mit Eierstich und Markklößchen schmeckt auch an einem ganz normalen Donnerstag. Im Bad Arolser Restaurant Friedrichs direkt neben dem barocken Residenzschloss fühlt man sich der Tradition verpflichtet, denn der Name geht zurück auf Fürst Friedrich Anton Ulrich zu Waldeck und Pyrmont, den Bauherrn des Schlosses und Gründer der Residenzstadt Arolsen. Dieser ließ 1717 für seinen höchsten Regierungsbeamten ein imposantes Haus errichten, das heute als Restaurant dient und in dem Köstliches aus der Heimat des Fürsten serviert wird.

Dazu gehört auch eine schmackhafte Kartoffelsuppe mit Pfifferlingen. Für Gäste mit größerem Appetit bleibt es nicht bei der Suppe. Es folgt Gutes aus der Fürstlich Waldeckschen Wildkammer – eine Wildbratwurst oder ein Waldecker Wildragout, das Küchenchef Nelsen Henze zubereitet. Der nebenan im Arolser Schloss wohnenden Fürstenfamilie gehören die umliegenden Wälder, im Forstamt ist eigenes Personal beschäftigt, und auf 3.400 Hektar kann gejagt werden. Von dem erlegten Dam-, Reh- und Schwarzwild landet so manches Stück im Restaurant Friedrichs.

Heute jedoch, an diesem ganz normalen Donnerstag, kommt Fleisch aus ganz anderer Quelle auf die Teller. Beim »Beef & Bottle«-Abend mit Vier-Gänge-Menü, zu dem edle Tröpfchen vom Weingut Bernhard aus Rheinhessen kredenzt werden, dreht sich für angemeldete Gäste alles um die Wagyū-Beef-Sensation vom Katharinenhof in Bracht. Im mittelhessischen Burgwald hält Benjamin Althainz die teure und seltene Rinderrasse, deren hochwertiges Gourmetfleisch er nach Bad Arolsen mitgebracht hat. Aus dem Smoker-Grill schlagen die Flammen und sorgen bei dem lang gereiften Dry-Aged-Stück für eine leckere finale Kruste.

Und während sich die Event-Gäste im gläsernen Pavillon dem Fleischgenuss hingeben, schaut der fürstliche Suppenesser aufs Schloss und schwelgt in der guten alten Zeit.

Adresse Schlossstraße 25, 34454 Bad Arolsen, Tel. 05691/50504, www.friedrichs-badarolsen.de | ÖPNV Bus 561, Haltestelle Residenzschloss Bad Arolsen | Öffnungszeiten Mo, Mi–Fr 18–22 Uhr, Sa, So und Feiertage 12–22 Uhr

4 Das Hotel im Brunnenhaus

Schnaps und Schepperlinge im Schloss

Das Städtchen Landau hat weniger als 1.000 Einwohner, dafür aber ein Schloss. Hoch oben auf einem Berg entstand dieses vor rund 700 Jahren aus einer umgebauten Burg als Residenz für die Waldecker Grafenfamilie. Noch immer kann man an selbigem Ort annehmlich wohnen und speisen, denn vor einigen Jahren wurde aus dem Brunnenhaus im Schlosshof ein Hotel mit dazugehöriger Gastronomie.

Bevor es in den lichtdurchfluteten Wintergarten zum leckeren Essen geht, begegnet dem Gast im Eingangsbereich Trinkbares: Im Schloss Landau entstehen nämlich in Kooperation mit der Bad Arolser Destillerie und Likörfabrik Kirchner & Menge eigene Likörkreationen, die auf so schöne Namen wie »Minzprinz« und »Salziger Heinrich« hören. Besonders die Kirschkönigin hat es in sich: Aus den roten Früchten, die an den Bäumen des Schlossgartens wachsen, wird ein Kirschlikör mit 54 Prozent Alkoholgehalt gemacht.

Doch lassen wir den Schnaps zunächst unberührt, denn drinnen lockt die offene Küche, in der – von den Restauranttischen aus gut einsehbar – die Köche des Hauses wirken. Als echte Waldecker kennen sie sich aus mit Schepperlingen und wissen auch, wie man aus Schmand, Speck und Zwiebeln nordhessisches Duckefett zubereitet. Beides in Kombination kommt im Brunnenhaus als Vorspeise auf den Tisch, wobei die knusprigen Spezial-Reibekuchen mit Salatbeilage serviert werden. Zu den Qualitätserzeugnissen aus der Region zählt neben dem frischen Gemüse von den ortsansässigen Lieferanten Schmidt & Kunze auch der Saibling aus Fritzlar, der mit Kräuterschaum, Kartoffelstampf und jungem Spinat eine köstliche Hauptspeise bildet. Toll ist auch das ehrliche Wiener Schnitzel mit Zitrone, Kapern und Sardellen. Danach vielleicht noch ein lauwarmer Pflaumenkuchen mit Vanilleeis? Oder doch lieber ein Schluck »Kräuterjubiläum«, gewonnen aus Kalmus, einer Heilpflanze, die im idyllischen Wattertal wächst?

Adresse Am Grafenschloss 1–3, 34454 Bad Arolsen-Landau, Tel. 05696/99550, www.schloss-landau.de | ÖPNV Bus 114, 560, Haltestelle Bad Arolsen-Landau Unter dem Hagen | Öffnungszeiten täglich 7–23 Uhr

5 Das Café im See

Suppen- und Waffelküche am Twistesee

Schwimmt da eine riesige Suppenschüssel mit Deckel im See? Nein, beim Näherkommen erkennt man: Es ist nur der Überlauftrichter vor dem Staudamm des Twistesees – und der Betondeckel ist ein kreisrundes Café, das über eine Fußgängerbrücke zu erreichen ist. Eine originelle architektonische Lösung, die Technik und gastronomische Nutzung vereint. Und außerdem war der erste Eindruck einer Suppenschüssel gar nicht so falsch, denn das Café im See entpuppt sich als Suppenparadies.

Inhaberin Doreen Baumann bietet ihren Gästen hier täglich wechselnde Suppen an. Im Herbst ist ein veganer Gemüseeintopf in der Bowl, dann eine Kürbiscreme- oder eine Rosenkohl-Hack-Suppe oder zur Abwechslung auch eine ein wenig scharfe Currywurst-Suppe. Wenn das Essen sommerlich leicht sein soll, kommt eine kalte Gurken-Gazpacho zum Einsatz oder eine Hühnchen-Kokos-Curry-Suppe. Der Phantasie scheinen keine Grenzen gesetzt: Brühe mit Gulasch-, Gyros- oder Pizza-Geschmack oder Borschtsch mit Rote Bete und Weißkohl, auch die hausgemachte Graupen- und Steckrübensuppe kommt gut an. Dem Café-Team scheinen die Suppenideen nicht auszugehen.

Camper, Radfahrer, Surfer und Angler mögen das Naherholungsgebiet Twistesee. Wer als Spaziergänger eine Sieben-Kilometer-Runde um den See bei Bad Arolsen gedreht hat, weiß auf jeden Fall eine kräftigende Suppe zu schätzen, die man mit Blick aufs Wasser löffeln kann – entweder im runden Café oder draußen auf der Brücke.

Die Waffelauswahl steht übrigens den Suppensorten in nichts nach. Sage und schreibe 50 Waffel-Varianten kann man ordern – von der süßen Minz-Waffel mit Schokoeis bis zur Beschwipsten Waffel mit Rumkirschen, von der Nussknacker-Waffel bis zur herzhaften Kartoffel-Waffel mit Kräuterdip. Egal, ob die Sonne vom Himmel knallt und alle in Badestimmung versetzt oder ob es Bindfäden regnet – mit diesem Café ist der Sonntagsausflug an den See gerettet.

Adresse Bericher Seeweg 3 (auf dem Staudamm), 34454 Bad Arolsen, Tel. 05691/7611, www.cafe-im-see-bad-arolsen.eatbu.com | ÖPNV Bus 561, 564, 565, Haltestelle Bad Arolsen-Wetterburg Kirche | Öffnungszeiten Mo, Fr 9.30 – 18 Uhr, Sa, So 9 – 18 Uhr

6 Der Grischäfer

Vielseitiges vom »bunten Hund«

Rainer Holzhauer ist in Nordhessen bekannt wie ein bunter Hund. Das liegt an der Vielzahl der Aktivitäten des umtriebigen Gastronomen: Er hat vier Restaurants (Grischäfer, Renthof, Orangerie, Kaskadenwirtschaft), ist Veranstaltungs-Caterer in den schönsten Locations (Schlösschen Schönfeld, Gewächshaus im Bergpark, Südflügel des Kulturbahnhofs, Sommerhalle Naumburg) und liefert Wochenmenüs nach Hause. Über 200 Menschen, darunter 25 Köche, arbeiten für die Holzhauer GmbH. Keimzelle des Imperiums ist und bleibt aber der Landgasthof Grischäfer in Bad Emstal, wo schon vor 150 Jahren der Urgroßvater kochte. Sein Vater baute die Scheune aus und machte aus der Dorfmetzgerei ein beliebtes Hotel mit Ausflugslokal.

Hier hat Rainer Holzhauer zusammen mit seinem Bruder Frank eine klassische, verfeinerte, ehrliche Landgastronomie etabliert. Es gibt Wiener Schnitzel vom Kalbsrücken, Steaks, Habichtswalder Rehragout sowie Brust und Keule vom frei laufenden Emstaler Landhuhn. »Am allerbesten finde ich unsere Forellen, die aus dem eigenen Becken ganz frisch auf den Tisch kommen«, sagt Holzhauer. Das Kotelett vom Schwein ist Standard, denn »Nordhessen ist Schweineland«. Der gelernte Koch bevorzugt Bodenständiges. Im Frühjahr sei Grüne Soße mit gekochter Ochsenbrust sein Lieblingsgericht. Als Konzession an die Jugend, die mit den Eltern beim Grischäfer essen geht, stehen aber auch Hamburger auf der Karte. Was alle mögen: Crème brûlée, seit 25 Jahren nach demselben Rezept gemacht.

Was ist das Erfolgsrezept von Holzhauer, der den Platz hinter dem Herd verlassen hat, um als Kulinarik-Manager unterwegs zu sein? »Gastronomie ist viel mehr als Essen und Trinken. Es kommt auf das Zusammenspiel von Ort, Essen und Personal an«, sagt er und meint: Neben der attraktiven Location und qualitätvollen Speisen sind freundliche und motivierte Mitarbeiter das A und O. Und die hat er zum Glück.

Adresse Kasseler Straße 78, 34308 Bad Emstal, Tel. 05624/99850, www.grischaefer.de | ÖPNV Bus 55, 151, 152, 153, 155, 156, 157, 159, Haltestelle Bad Emstal Rathaus | Öffnungszeiten Mi–So 17–21 Uhr, So und Feiertage zusätzlich 12–14 Uhr

7 Das Restaurant Habichtswald

Heimatfisch nicht nur zur Fastenzeit

Karfreitag ist Fischtag. Das Genussrestaurant Habichtswald des Parkhotels Emstaler Höhe begeht diesen christlichen Feiertag mit einem großen Fischbüfett. Mehr als das: Die Gastronomenfamilie Frankfurth aus Bad Emstal war darüber hinaus Ideengeber für die alljährliche Aktion »Heimatfisch«, an der sich während der Fastenzeit 14 nordhessische Restaurants beteiligen. Ziel ist, das Beste aus regionalen Fischzuchtbetrieben während dieser Zeit aufzutischen. Und weil das so gut ankommt, bringt Küchenchef Marius Ritter im Genussrestaurant das ganze Jahr über Fischmenüs auf die Karte.

Zum Beispiel die Roulade vom Eder-Saibling mit eigenem Kaviar, Mangold, Poverade und Aprikose. Oder die in Nussbutter confierte Fritzlarer Lachsforelle mit Dreierlei von der Zwiebel, gekrönt von einem Blutampfer-Blatt. Auch den frischen Stör aus der Fischzucht Rameil in Fritzlar weiß Ritter schmackhaft zuzubereiten. Der Chefkoch, der mit der »MS Europa« auf den Weltmeeren schipperte, bevor er in seinen Ausbildungsbetrieb auf die Emstaler Höhe zurückkehrte, hat mit dafür gesorgt, dass das Restaurant laut Falstaff Restaurant- und Gasthausguide 2023 zu den besten Gasthäusern Deutschlands zählt.

Hotelchef Lukas Frankfurth nutzte die Coronapause für eine ansprechende Umgestaltung seines Hauses. Mit der Renovierung zog der Habichtswald ins Restaurant ein: Nadelgrüne Möbelpolster, kombiniert mit dunkler Eiche, gemalte Baumkulissen, Tannenzapfen und Glühwürmchen-Lampen entführen kitschfrei in eine Märchenwelt. In der Lackspanndecke spiegeln sich gedeckte Tische. Grimm-Zitate an den Wänden komplettieren die gelungene Inszenierung. Wenn dann nach dem Froschkönig-Aperitif noch Weine der Hausmarken Schneeweißchen, Rosenrot und Rumpelstilzchen zum Essen eingeschenkt werden, ist der Märchen-Genuss perfekt.

Adresse Parkhotel Emstaler Höhe, Kissinger Straße 2, 34308 Bad Emstal-Sand, Tel. 05624/5090, www.emstaler-hoehe.de | ÖPNV Bus 151, 152, 157, 159, Haltestelle Bad Emstal-Sand Thermalbad | Öffnungszeiten täglich 7 – 23 Uhr

8 Das Restaurant L'étable

Anspruchsvolle Kulinarik im Pferdestall

Das kleine Tischchen mit der Nummer 11 im Separee des Restaurants Stern*s wird »Beichtstuhl« genannt. Hier haben schon viele Prominente gesessen und die legendäre Fischsuppe oder andere regionale Köstlichkeiten gelöffelt: Thomas Gottschalk, Walter Giller, Otto Waalkes, Marianne Sägebrecht, Hardy Krüger – um nur einige der großen Namen zu nennen, die es sich in Bad Hersfelder Festspielzeiten im Stern*s wohl sein ließen und nun gerahmt an der Wand hängen.

Ein paar Türen weiter nehmen diejenigen Gäste Platz, die sich eine kulinarische Offenbarung erhoffen – nämlich im feinen Ambiente des Gourmetrestaurants L'étable. Der Name – zu Deutsch »der Stall« – nimmt Bezug auf die Geschichte des Hauses, denn wo sich heute modernes Interieur befindet, standen früher die Postkutschen-Pferde in ihren Boxen. Hier kocht seit 2013 Constantin Kaiser nicht nur für prominente Gäste. Der studierte Maschinenbauer aus dem Schwarzwald sattelte um, machte eine Kochlehre und arbeitete sich in Bad Hersfeld zum Küchenchef hoch. Den ersten Michelin-Stern von 2020 hat er seither jedes Jahr verteidigt.

Kaisers Genussrezept klingt einfach: »Ich gebe nichts aus der Küche, was nicht schmeckt.« Seinen Küchenstil nennt er selbst »sehr puristisch – relativ wenig Zutaten, alles frisch, viel live«. Wenn er zum Beispiel seine Wilde Dorade zubereitet, investiert er viel Zeit und Arbeit in das Beizen, um das Geschmackserlebnis so intensiv wie möglich zu gestalten. Kochbücher hat er nicht zu Hause, alles basiert auf Erfahrungswerten: »Fünf Küchenchefs haben mir gezeigt, wie's geht«, sagt Kaiser mit Rückblick auf seine Lehrzeit. Regionalität und Nachhaltigkeit spielen für ihn eine Rolle, aber: »Ich übertreibe es nicht mit dem Anspruch.« Auch sonst bleibt der Sternekoch auf dem Teppich: »Ich dekonstruiere selten Gerichte«, sagt Kaiser, für den eine Rinderroulade bleiben muss, was sie ist.

Adresse Linggplatz 11, 36251 Bad Hersfeld, Tel. 06621/1890, www.zumsternhersfeld.de | **ÖPNV** Bus 1, 4, 376, Haltestelle Bad Hersfeld Marktplatz | **Öffnungszeiten** Do – So ab 18 Uhr, So zusätzlich ab 12 Uhr

9 Die Theater-Kochshow

Mit den Festspiel-Stars in der Küche

Von Drama bis Komödie – alles ist möglich auf der Bad Hersfelder Festspiel-Freilichtbühne. In der nordhessischen Stiftsruine trifft man große Namen aus Theater, Film und Fernsehen. Aber auch in der Küche sieht man sie, denn die Schauspieler Charlotte Schwab und Max Herbrechter treten als Hauptakteure in »König Lear« auf, laden aber vorher zum Essen ein. Bei der Kochshow »Soulkitchen« bereiten sie höchstpersönlich ein Menü für ihr Publikum zu. Das darf in Stern*s Kochwerkstatt auch selbst Hand anlegen. Und beim Umgang mit Messern und Kochlöffeln kann es am Herd durchaus dramatisch bis komödiantisch zugehen.

Die Kooperation zwischen den Bad Hersfelder Festspielen und dem Restaurant Stern*s steht unter dem Motto »Wir verbinden Künste« – in diesem Fall Theater und Kulinarik. Die Idee: Künstler, als Mimen und Hobbyköche in der ganzen Welt zu Hause, bringen Rezepte für die Soulkitchen mit, die hier von den Profis verfeinert werden und mit Hilfe der Gäste auf die Teller kommen. Schürzen umbinden, ein wenig Small Talk, am Sektglas nippen, und los geht's.

Für die Vorspeise wagt sich Max – man ist für den Abend per Du – ans Filetieren eines Bachsaiblings. Koch Toni Schoch kennt die Tricks und weiß, wie man das grätenfrei hinkriegt. Serviert wird der Fisch mit Erdäpfelsalat, Pfifferlingen und Croûtons von der Stracken. Ein spannendes Date von deftigem Wurst- und feinem Fischaroma. Derweil hat Charlotte für den Hauptgang Serviettenknödel mit getrockneten Aprikosen gespickt und gerollt. Dazu gibt es Zweierlei vom französischen Schwarzfederhuhn, kombiniert mit Selleriepüree. Die sensationelle Soße aus Geflügelfond steuert der Chefkoch bei, der Intendant richtet an. Den Abend beschließt ein Karamell-Apfel-Dessert mit Eis und Kürbiskern-Hippe. Diskussion am Tisch: Hippe? Ist das nicht eine Ziege? Oder ein dünnes Mädchen? Wahrscheinlich doch eher ein kleines Gebäckstück.

Adresse Stern*s Kochwerkstatt, Linggplatz 11, 36251 Bad Hersfeld, Tel. 06621/1890, www.sterns-kochwerkstatt.de; Bad Hersfelder Festspiele, Am Markt 1, 36251 Bad Hersfeld, Tel. 06621/640200, www.bad-hersfelder-festspiele.de | **ÖPNV** Bus 1, 4, 376, Haltestelle Bad Hersfeld Marktplatz | **Öffnungszeiten** Terminkalender siehe Website

10 Zum Weserdampfschiff

Hugenottische Mitbringsel verfeinern die Küche

Früher gingen die – Achtung: Wortungetüm mit 47 Buchstaben! – Oberweserdampfschifffahrtsgesellschaftskapitäne hier ein und aus, um etwas zu essen und zu trinken. Im Jahr 1835 eröffnete der Fährmann und Fischer Christian Schröder ein Gasthaus in Bad Karlshafen, direkt dort, wo die Diemel in die Weser mündet und wo auch heute noch die Fahrgastschiffe Richtung Bremen starten. »Zum Weserdampfschiff« heißt der Traditionsbetrieb mit Hotel und Restaurant in Hessens nördlichster Stadt – vor dem Haus die barocke Straßenzeile mit dem Hafenbecken, hinterm Haus der Pegelturm, der an das Diemel-Hochwasser von 1965 erinnert, als die gesamte historische Altstadt mehrere Meter überflutet wurde.

Man sitzt im Biergarten unter schattigen Bäumen mit Blick aufs friedliche Wasser und lässt sich eine nordhessische Brotzeit zum Bier schmecken: eine halbe Ahle Wurscht, Käse aus Trendelburg mit Schmalz und sauren Gurken, hausgemachtes Tomaten-Chili-Chutney und eine Scheibe Roggenmischbrot.

Bei größerem Hunger darf's vielleicht ein Hessisches Schmandschnitzel sein, mit saisonalen Gartenkräutern aus eigener Ernte, im Ofen gebacken und in einem Pfännchen serviert. Dazu gibt es Kartoffeliges in mannigfacher Form: Fritten, Kroketten, Süßkartoffelpommes, Wedges, Salzkartoffeln oder geschwenkte Rosmarinkartoffeln.

Das Inhaberehepaar Christian und Marijan Mahlmann hat den Ehrgeiz, Traditionelles mit einer neuen Küchenphilosophie zu verknüpfen, was gut gelingt. Die frischen und ehrlichen Gerichte basieren größtenteils auf Produkten, die bereits von den hugenottischen Stadtgründern Karlshafens verwendet wurden. Was die in Nordhessen angesiedelten Glaubensflüchtlinge aus der französischen Heimat mitbrachten, lassen verschiedene Namen auf der Speisekarte anklingen: Soupe à l'oignon, Ragout, Roquefortsoße, Bouillon, Püree, Croûtons – und zum guten Schluss noch eine Crème brûlée.

Adresse Weserstraße 25, Gebäude 44, 34385 Bad Karlshafen, Tel. 05672/2425, www.zumweserdampfschiff.de | **ÖPNV** Bus R 22, 180, 181, 193, Haltestelle Bad Karlshafen Hafenplatz | **Öffnungszeiten** März, April, Okt. Mi – So 11.45 – 14 und 17.30 – 20 Uhr, Mai – Sept. Di – So 11.45 – 14 und 17.30 – 20 Uhr

11 Das Café Himmelspforte

Torten mit Sahne und Bibel

Eine paradiesische Tortenauswahl bietet das Café Himmelspforte in Bad Sooden-Allendorf: Pfirsich-Schoko, Eierlikör-Sahne, Lübecker Nusstorte, Limette-Joghurt, Waldfrucht, Himmelstraum und natürlich der Klassiker Schwarzwälder Kirsch stehen im Kuchenbüfett. Dazu Zwetschgen-, Mohn- und Apfelkuchen vom Blech. Zugeliefert wird die feine Konditorenware aus dem Restaurant Pelikan des nahen Hotels Werratal. Dort versteht man etwas von nordhessischer Kulinarik und hat sich mit dem externen Café eine attraktive Location gesichert.

Der Kirch- und Bibelgarten von St. Crucis ist ein idealer Ort, um sich den sahnigen Versuchungen hinzugeben. Zwischen der alten Stadtmauer und dem mächtigen Turm der Stadtkirche entstand im ehemaligen Küstergarten ein Gelände mit biblischen Pflanzen aus dem Heiligen Land, die auch im rauen nordhessischen Klima gedeihen. Und mit einem guten Dutzend Caféhaustischen, was den Garten sowie einen abgetrennten Raum im Inneren der Kirche zu einem kulinarischen Genussort macht.

Wer einen freien Platz in der Nachmittagssonne vor der historischen Kirchenmauer ergattert, sitzt zwischen Bäumen, Büschen, Gewürzen und blühenden Rosen. Neben Kaffeetasse und Kuchenteller liegt eine Bibel auf dem Tisch – ein unaufdringlicher Hinweis auf das besondere Ambiente des Ortes. Also blättert man ein wenig, bis die Bedienung kommt, und bleibt dabei vielleicht im Buch Genesis hängen. Dort liest man über Abraham, der Besuch von Engeln erhält und zu seiner Frau Sara sagt: »Nimm drei Maß Semmelmehl, knete sie und backe Kuchen!« Für die zwei Gestalten des Alten Testaments wird der hohe Besuch zur Offenbarung. Aber das ist eine andere Geschichte. Die Gäste im Café Himmelspforte dürfen die Torte in jedem Fall auch als Offenbarung erleben. Besonders am »Himmlischen Mittwoch« und am »Sahnigen Donnerstag«, dann nämlich gibt's Kaffee und Kuchen zu Sonderpreisen.

Adresse Kirchplatz 1, 37242 Bad Sooden-Allendorf, Tel. 05652/2057, www.cafe-himmelspforte.de | **ÖPNV** Stadtbus A, Haltestelle Kirchstraße | **Öffnungszeiten** Mi–So 14–18 Uhr

12 Das Quellencafé

Im Kurpark Heil- und Tafelwasser trinken

Wasser ist ein Grundnahrungsmittel. Die lebensnotwendige Flüssigkeit sorgt für einen funktionierenden Stoffwechsel, führt dem Körper Mineralstoffe zu, enthält aber keine Kalorien. Dass Wasser nicht gleich Wasser ist, sondern dass es ganz unterschiedliche Sorten gibt, die zwar ziemlich gleich aussehen, sich aber geschmacklich enorm unterscheiden, lässt ein Besuch im Kurpark von Bad Wildungen sinnlich erleben.

Nehmen wir zunächst Platz im Quellencafé. Im Halbrund der Wandelhalle sind Tische, Stühle und Sonnenschirme aufgestellt, Grüppchen von Kurgästen starten in den Nachmittag, während drinnen ein Saxofonspieler für Kurpark-Stimmung sorgt. Frankfurter Kranz, Heidelbeer-Sahne, Stachelbeer-Baiser, Himbeer-Joghurt, Mandarine-Schmand oder Käsekuchen? Wir widerstehen der Torten-Versuchung und kombinieren stattdessen ein Tässchen Espresso mit einem Fläschchen Mineralwasser, schließlich geht es an diesem Ort um die Förderung der Gesundheit.

Richtig ernst nimmt man das in der Wandelhalle, wo eine riesige Wasserwand andeutet, wofür Bad Wildungen seit jeher berühmt ist, für seine Trinkkuren nämlich. Der Quellendom lädt zum Probieren verschiedener lokaler Heilwasser ein, die man an einer Zapfstelle durchtesten kann: den Sauerbrunnen aus der Georg-Viktor-Quelle, verdauungsförderndes Wasser aus der Waldquelle und das nach der Fürstin benannte salzhaltige aus der Helenenquelle. Verglichen mit dem sprudelnden Tafelwasser im Café sind alle drei nicht gerade wohlschmeckend, aber gesund!

Im Museum erfährt man, wie beliebt das Wildunger Wasser einst war: Um 1950 wurden täglich 13.000 Flaschen in viele Länder der Welt versandt. Geschätzt wurde es wegen seiner Reinheit, seines Geschmacks und des starken Moussierens. Auch zur Kaffeezubereitung wurde es gern verwendet, und es war üblich, das mit Wein und Zucker vermischte Wasser in der heißen Jahreszeit als erfrischenden »Champagner« zu trinken.

Adresse An der Georg-Viktor-Quelle 3, 34537 Bad Wildungen, Tel. 05621/965493, www.quellencafe.de | **ÖPNV** Stadtbus 1, Haltestelle Wandelhalle beziehungsweise Kurpark/Kurhaus | **Öffnungszeiten** Di–So 14–17.30 Uhr

13 Der Worschtkopp

Waldecker Gin zum Zicklein-Burger

Pfarrer August Koch aus Külte war ein heimatliebender Mensch. 1890 verfasste er das Lied »Mein Waldeck lebe hoch«, die Nationalhymne des Fürstentums. Ob Koch ein Freund hochprozentiger Getränke war, ist nicht bekannt, man kann daher nicht sagen, ob er sich über die Umdichtung der ersten Strophe seines Liedes gefreut hätte, die an der Eingangstür der Waldecker Gin-Manufaktur in Bad Wildungen-Reinhardshausen prangt: »Unter allen Gins deutscher Erde, preis' ich den Waldecker, mein lieb Heimattrank. Bis zum letzten Schlucke werde ihm ich weihen treulich Herz und Hand.«

Hinter der Tür brennt Sandy Freudenstein ihren Gin unter Zugabe von Botanicals in vier Geschmacksrichtungen: den klassischen Dry Gin, Himbeer-, Orangen- und Holunderblüten-Gin. Das Label »Waldecker« ist insofern gerechtfertigt, als einige Zutaten aus der Region kommen. »Wir pflücken wochenlang Holunder«, sagt sie und lächelt ihren Mann Simon Andreas an, der neben ihrer Destillerie den Imbiss und Regionalladen »Worschtkopp« betreibt. Dem Koch und Betriebswirt lag die Direktvermarktung standortnaher Bioprodukte schon immer sehr am Herzen. Neben Gin gibt's in seinem Laden so originelle Produkte wie Lutscher mit Ahle-Worscht-Geschmack, Wildunger Weinberghonig, Bärlauchsenf sowie luftgetrocknete oder geräucherte Ahle Wurscht. Nordhessische Waren verschiedener Hersteller verschickt er über seinen Onlineshop zudem auch per Paket in alle Welt.

Vieles kann man an der Worschtkopp-Imbisstheke aber auch sofort genießen. Den Zicklein-Burger zum Beispiel, eine Kombination aus frittiertem Ziegenkäse vom Grünen Hügel mit Cornflakes, Salat, Tomaten, Röstgemüse, Zwiebelmarmelade, karamellisierten Walnüssen, hausgemachter Aioli-Soße und Preiselbeeren. Dazu empfiehlt Andreas eine Portion Süßkartoffelpommes und hält als Abschluss einen Waldecker Gin parat. Regionaler kann ein Imbissmenü kaum sein.

Adresse Am Schützenplatz 2a, 34537 Bad Wildungen-Reinhardshausen, Tel. 05621/7818325, www.worschtkopp.de | ÖPNV Stadtbus 1, Haltestelle Reinhardshausen Mitte | Öffnungszeiten Di–Sa 11–20 Uhr

14__Das Waffelhaus

Gute Laune im Schneegestöber

Schon am Restaurant-Eingang in Bad Wildungen-Reitzenhagen zeigt eine ganze Batterie von Waffeleisen, wo es an diesem Ort langgeht: 90.000 der kreisrunden Klassiker mit fünf Herzen werden pro Jahr hier gebacken und in rund 40 süßen Varianten serviert. Oder sie landen als herzhafte Kartoffelwaffeln auf den Tellern, zum Beispiel mit Spareribs und Barbecuesoße. Die beliebteste aber ist die Schneegestöber-Waffel mit Baiser-Sahne und heißen Himbeeren, dicht gefolgt von der Gute-Laune-Waffel mit heißem Birnen-Rosmarin-Kompott, Erdbeeren, Pflaumen, Sahne und Vanilleeis – final gekrönt mit einem Schuss Eierlikör, der für die im Namen angekündigte gute Laune sorgt.

Koch Ronald Ruhl hat sozusagen viele Eisen im Feuer, um das Spezialitäten-Restaurant-Café Waffelhaus als Anlaufpunkt attraktiv zu machen. Bis zu 500 Gäste gleichzeitig können an schönen Sommertagen in den Räumlichkeiten und draußen auf der großen Terrasse mit abwechslungsreichem Programm versorgt werden. Tatsächlich kommen Waffelfreunde busweise aus nah und fern, um die knusprige Backware von der Karte rauf und runter zu bestellen, sei es der Wildunger Waffeltraum, die Edersee-, Kellerwald- oder Naturpark-Waffel oder die Waffel pur mit Puderzucker.

Schnell muss es gehen, wenn zehn Waffeleisen gleichzeitig glühen und nach einer Minute und vier Sekunden der richtige Bräunungsgrad erreicht ist. Die vielfältigen und zumeist regionalen Waldecker Zutaten kommen obendrauf oder werden für Gäste mit feineren Essmanieren auch separat in Schälchen an den Tisch gebracht – Marzipansahne mit Erdbeeren etwa oder Waldmeistersahne mit Vanilleeis. Die Waffelkreationen gibt es saisonal auch als Spekulatius-, Lebkuchen-, Anis- oder Pfefferkuchenwaffel. Seit 30 Jahren freut sich das Waffelhaus vor den Toren der Badestadt über einen ungebrochenen Zustrom von Wanderern und Rad-Ausflüglern, Kurgästen und Caféhaus-Flaneuren.

Adresse Bilsteinstraße 67, 34537 Bad Wildungen-Reitzenhagen, Tel. 05621/5190, www.waffelhaus.de | ÖPNV Bus 4, Haltestelle Reitzenhagen Mitte | Öffnungszeiten Mi–So 12–18 Uhr

15 Die Kellerwaldhof-Käserei

»Käse ist meine Schokolade«

Sie heißen Lotte, Marit, Zumba und Zenzi – 100 Kühe liefern auf dem Kellerwaldhof die Milch für den Käse. Der kann mild, pikant, cremig, würzig, nussig, aromatisch, scharf, geräuchert oder herzhaft sein und nach Knoblauch, Kümmel oder Paprika schmecken. Die Vielfalt ist groß – 26 eigene Sorten und mehrere Ziegen- und Schafskäse liegen in der Vitrine im Hofladen. Freitags während der Öffnungszeiten schneidet Marianne Spenner-Häusling mit dem Käsemesser gern ein Stückchen zum Probieren von diesem oder jenem Laib ab.

Mit der 1998 gegründeten Hofkäserei hat sich die Familie des »grünen« Europapolitikers Martin Häusling einen Namen gemacht, denn der Käse vom Kellerwaldhof taucht in vielen Läden, auf Märkten und in Restaurants der Region und darüber hinaus auf. Bekanntestes Markenprodukt ist der herzhafte Urfftaler, ein gut gereifter harter Rohmilchkäse, der wegen der gemäßigten Höhenlage des Kellerwalds zwar nicht Bergkäse heißen darf, aber genauso schmeckt. Wie die übrigen Sorten auch wird der Urfftaler mit frischer Milch und Lab im großen 800-Liter-Käsekessel hergestellt. Wenn das Flüssige fest wird, bringt die Käserin es in Form, dann werden die Laibe viele Wochen lang intensiv von Hand mit Salz und Bürste gepflegt. Erst nach der Reifeprüfung kommt das Produkt mit »Käseabitur« in den Verkauf.

»Lecker, handwerklich und regional soll unser Käse sein«, sagt Marianne Spenner-Häusling, »und natürlich müssen Preis und Qualität stimmen.« Für Letzteres garantieren die hofeigene Bioland-Milch, natürliches Lab, Milchsäurekulturen, Meersalz und Kräuter aus kontrolliert biologischem Anbau. Viele originelle Namen hat sie sich für die kleinen und großen Laibe ausgedacht: Bauerngaudi, Kümmelchen, Smokie, Don Camillo, Camembär, Nigella. Im unterirdischen Lager liegt auch ein kleiner Weichkäse in Herzform. Der kriegt später eine Verpackung, auf der »Käse ist meine Schokolade« steht.

Adresse Heideweg 1, 34596 Bad Zwesten-Oberurff, Tel. 05626/261, www.kellerwaldhof.de | **ÖPNV** Bus 407, 408, 410, Haltestelle Bad Zwesten-Oberurff Urffstraße, 15 Minuten Fußweg | **Öffnungszeiten** Hofladen Fr 8 – 18 Uhr

16__Die Jausenstation

Wenn es kalt wird: Diebchen mit Duckefett

Der Kellerwaldsteig führt Wanderer auf rund 160 Kilometern zu den Schönheiten des Natur- und Nationalparks Kellerwald-Edersee. Im Süden bei Bad Zwesten führt dieser vom Deutschen Wanderverband als »Traumtour« ausgezeichnete Weg zur Burgruine Löwenstein und damit zu einem lohnenden kulinarischen Ziel. Denn unterhalb des ehemaligen Wehrturms aus dem 13. Jahrhundert, des Restes einer großen Ritterburg im Besitz der bei Jesberg ansässigen Familie von und zu Löwenstein, liegt die Jausenstation.

»Gut bürgerliche deutsche Küche«, verspricht die Aufschrift an der Holzfassade. Beim Essen und Trinken genießen rastende Wanderer und Ausflügler von der Sonnenterrasse aus einen herrlichen Ausblick auf das Schwalmtal. Melanie Hubbe, die Pächterin des Ausflugslokals, verwöhnt ihre Gäste mit allerlei Leckerem und Deftigem. Hier lebt man mit der Natur. Was auf die Speisekarte kommt, entscheiden die Jahreszeiten. Ab dem Frühjahr geht es in der Küche viel um Salat, Kräuter und Grüne Soße – nach Frankfurter Machart übrigens. An die Spargelsaison schließt sich im Frühsommer die kurze Frist für Matjes an. Im August ist die Pfifferlingszeit in vollem Gange. Ein Schnitzel macht den Hauptgang das ganze Jahr über komplett.

Sonntags kommt Traditionelles auf den Tisch: Die Familie Hubbe serviert dann feiertägliche Kohlrouladen oder Rinderrouladen gefüllt mit Kraut. Noch deftiger wird es, wenn die Temperaturen sinken. Im Winter kann man in der Jausenstation regionaltypische Diebchen mit Duckefett ordern. Was das ist, erklärt die Wirtin Uneingeweihten gern: Aus einem Kartoffelteig werden Klöße geformt, in die kleine Würfel von Ahler Wurscht gesteckt werden – die Diebchen. Das Duckefett dazu entsteht aus einer Mehlschwitze mit Schmand, Milch, gebräuntem Speck und Zwiebeln. Zu wurschtig? Die Alternative zu diesem nordhessischen Klassiker wäre ein vegetarischer Grünkohl-Teller.

Adresse Schiffelborner Straße 43, 34596 Bad Zwesten-Oberurff-Schiffelborn, Tel. 0151/20400681 | **ÖPNV** Bus 407, 408, 410, Haltestelle Bad Zwesten-Oberurff-Schiffelborn | **Öffnungszeiten** Mo, Do, Fr 14–19 Uhr, Sa, So 11.30–19 Uhr

17__Die Knallhütte

Bier, das zur Region passt

»Der Nordhesse ist ein Biertrinker«, sagt Frank Bettenhäuser. Als Inhaber der Hütt-Brauerei muss er das natürlich so sehen, alles andere wäre geschäftsschädigend. Aber auch ganz objektiv betrachtet stimmt es, dass Menschen, die Ahle Wurscht, Weckewerk und Schmandschnitzel essen, am liebsten zum Gerstensaft greifen. Nicht von ungefähr bilden die Weintrinker hierzulande nur eine Minderheit. Als Biersommelier weiß der Hütt-Chef, warum: Fleisch und Bier passen gut zusammen, das Fruchtige des Weins stört da eher. Zu kräftigen Speisen empfiehlt Bettenhäuser daher das unfiltrierte Naturtrüb aus seinem Programm, das noch alle Schweb- und Geschmacksstoffe enthält und gegen Deftiges bestehen kann.

Der Mann muss es wissen, denn seit neun Generationen braut seine Familie in der Baunataler Knallhütte Bier. Johann Friedrich Pierson, Sohn einer Hugenotten-Familie, erhielt 1752 die Konzession. Brauerei und Gasthaus kamen später zu ihrem einprägsamen Namen, weil die Pferdekutscher an der steilen Straße mit den Peitschen knallten, um Verstärkung anzufordern. Mit den kräftigen Brauereipferden war der Rengershäuser Berg zu schaffen.

Bis heute bekennt sich Hütt zum nordhessischen Bier: »Es hat deutlich mehr Ecken und Kanten, mehr Herbe und deutlich mehr Körper als ein wässriges Industriebier«, betont der Chef. Auch wenn jüngere Konsumenten mildere Biere bevorzugten, bleibe er bei seiner Linie. Denn in der Tat sei das eine Altersfrage: »Mit Anfang, Mitte 20 bauen sich die Geschmackspapillen der Zunge um, Ältere kommen mit herberen Bieren besser zurande«, weiß Bettenhäuser. Mit dem honiggelben »Lenchens Ale« denkt er aber auch an andere: »Meine Großmutter liebte ihren Garten, ihre Früchte und ihr allabendliches Bier. Opa Franz ließ extra für sie eine fruchtige, exotische Liebeserklärung in Bier brauen. Unser Braumeister hat diese nachempfunden und neu interpretiert.«

Adresse Hütt-Brauerei, Knallhütte, 34225 Baunatal, Tel. 0561/499070, www.huett.de, www.brauhaus-knallhütte.de | **ÖPNV** Bus 63, 66, 67, Haltestelle Baunatal-Rengershausen Knallhütte | **Öffnungszeiten** Di–Do 16.30–21 Uhr, Fr, Sa 16.30–22 Uhr, So 11–19 Uhr

18__Das K.Toffels

Kartoffelpralinen im Speckmantel

Nordhessen ist Kartoffelland. Das war nicht immer so, anfangs hatte es die nahrhafte Knolle hierzulande schwer. Landgraf Wilhelm IV. von Hessen-Kassel lobte zwar die von den Spaniern aus Südamerika importierten Erdäpfel: »Dieselbigen, wenn sie gekocht werden, seindt gar anmuthig zu eßen«, äußerte er 1591. Doch die Beliebtheit hielt sich in Grenzen, sodass Friedrich der Große 150 Jahre später für Preußen einen »Kartoffelbefehl« erließ – alle Bauern mussten Kartoffeln anbauen, denn sie erwiesen sich als probates Mittel gegen Hunger. Erst im 19. Jahrhundert wurden Kartoffeln zum Lebensmittel Nummer eins für die breite Masse. Viele nordhessische Rezeptklassiker basieren daher auf der Kartoffel.

Dieser Tradition fühlt sich das in Baunatal-Rengershausen ansässige Restaurant mit dem lustigen Namen K.Toffels verpflichtet. So ziemlich alles, was sich aus Kartoffeln zubereiten lässt, hat Inhaber Martin Dittmar auf der Speisekarte: Bratkartoffeln, Salzkartoffeln, Kartoffelbrei, Pommes frites, Rösti, Gratin, Kroketten, Kartoffelaufläufe, Kartoffelpizza und Kartoffelsuppe.

Ein besonderes Highlight sind die »K.Toffelpralinen« im Speckmantel mit Pflaume auf Schmand- oder Käsesoße. Hierzu werden kleine Drillinge zusammen mit einer Backpflaume mit Speck umwickelt und im Backofen oder auf dem Grill gegart. Ähnlich einem spanischen Tapa-Häppchen entsteht so ein köstlicher Gaumenkitzler mit typisch nordhessischer Kartoffelnote. Sehr aromatisch ist aber auch die Kartoffel-Lauch-Cremesuppe aus Rengershausen mit gerösteten Brotwürfeln. Mit Ahler Wurscht verfeinert werden die tomatisierte K.Toffelsuppe und »Omas Bester« – ein mit Käse überbackener Kartoffelauflauf, der mit einigen Scheiben von der Stracken gewürzt ist.

Danach ein Kartoffelschnaps. Langweilig ist die Knolle also nicht – manchmal treibt sie es mit violettem Fleisch und roten Schalen sogar richtig bunt.

Adresse Waimersbergstraße 1, 34225 Baunatal-Rengershausen, Tel. 0561/4910570, www.k-toffels.com | **ÖPNV** Bus 50, Haltestelle Baunatal-Rengershausen Knallhütte | **Öffnungszeiten** Mi–Sa 17.30–22 Uhr, So 11.30–14 Uhr

19 Der Gasthof Hack

Kerstenhäuser Duckefettsuppe mit Kartoffeltatar

Katja Hack ist im nordhessischen Kerstenhausen zu Hause, wo sie den Familiengasthof in der ehemaligen Brauerei des Ururgroßvaters betreibt. Hier erinnert vieles an die Vergangenheit. Alte Schwarz-Weiß-Fotos an den Wirtshauswänden erzählen vom Kronen-Bräu und bilden einen gewissen Kontrast zu den Tattoos auf den Armen der Chefin, die in der Küche an den Töpfen steht. Aber genau das liebt Katja Hack: Gegensätze wie Heute und Gestern, Großstadt und Dorf, Gourmetrestaurant und Landhausküche.

Die Meisterköchin brachte einige Lehr- und Wanderjahre in der Sterne-Gastronomie hinter sich, bevor sie 2008 ins elterliche Gasthaus zurückkehrte. Ihre Küche ist von einer großen Bandbreite gekennzeichnet: Die heimische Rinderroulade mit brauner Bratensoße ist bei ihr ebenso drin wie Grüner Spargel mit koreanischer Doenjang-Paste, ein herzhaftes Wildschwein-Ragout mit Klößen genauso wie Zweierlei vom Rehrücken mit Schokoladensoße. Egal, ob es einfach und lecker oder raffiniert und aufwendig sein soll, alles ist möglich, wenn es die Gäste wünschen. Zum dreigängigen Sonntagsmenü essen sie Fisch, Wild oder vegan – auf jeden Fall etwas Regionales. Die Spezialität des Hauses ist eine Hack'sche Erfindung: Kerstenhäuser Duckefettsuppe mit Kartoffeltatar und feinen Scheiben von der Ahlen Wurscht.

Die Nordhessin, die von der hessischen Umweltministerin 2022 mit dem Titel »Landheldin« ausgezeichnet wurde, ist nicht nur im Dorf, sondern auch medial bekannt. Im Fernsehen maß sie sich zum Beispiel mit Nelson Müller. Beide kennen sich aus gemeinsamen Zeiten im Zwei-Sterne-Restaurant Residence in Essen. Ziel des TV-Wettbewerbs: Katja Hacks nordhessische Vorgabe – Weckewerk mit saurer Gurke, Grüner Soße und Schepperlingen – sollte von dem ahnungslosen TV-Koch ohne Rezept getoppt werden. Sterneträger Müller scheiterte am Umgang mit dem Schweinskopf fürs Weckewerk und verlor das Duell.

Adresse Hoheneicher Straße 2, 34582 Borken-Kerstenhausen, Tel. 05682/9960, www.gasthofhack.de | **ÖPNV** Bus 407, 408, 410, Haltestelle Borken-Kerstenhausen | **Öffnungszeiten** Fr, Sa ab 17.30 Uhr, So 12–14 Uhr

20 Das Hafen-Bistro

Nordhessischer Bio-Hotdog am Singliser See

Der Singliser See, das sollte man vorab wissen, ist ein künstliches Gewässer, das im Zuge der Braunkohlegewinnung in der Nähe von Borken entstand. In den 70er Jahren lief die verlassene Tagebau-Grube voll mit Grundwasser, worüber sich lokale Surfer und Badegäste freuten. Die touristische Basis war da, 2022 kam ein kulinarischer Ort hinzu. Es war die Idee von drei Freunden, ein Stückchen hessische Karibik an den heimischen See zu zaubern: Nico Kinscher, Orthopädietechniker aus Fritzlar, Christoph Brand von den Fliegenden Köchen aus Kassel und Hubertus Nägel, Biolandwirt aus Hombergshausen, ließen ihren Traum von einer nachhaltigen Gastronomie am Wasser Wirklichkeit werden: Das Bistro Am Hafen entstand.

Das Idyll ist perfekt, wenn man an einem Sommerabend bei untergehender Sonne mit einem Aperol Spritz auf dem breiten Holzsteg Platz nimmt. Wer will, kann daneben ins knietiefe Wasser steigen und sein Glas auf einem Tisch im See abstellen. Im Hintergrund kreuzen noch ein paar Segler, und Taucher springen ins Nass. Spätestens jetzt merkt man: Ein langer Badetag macht hungrig. Und in puncto »Food am Hafen« hat das Bistro außergewöhnliche nordhessische Qualität zu bieten.

Da sind zunächst die knusprigen See-Fritten, die man mit Kräuterschmand, getoppt mit Röstzwiebelcrumble und Gurken, bekommt. Beim »HafenDog in Nordhessisch« handelt es sich um eine hervorragende Bio-Kochwurst aus der nahen Tierfairbrik, die mit den genannten Zutaten Schmand, Zwiebel und Gurke in ein Hotdog-Brötchen verpackt wird. Fritten und »Dogz« kann man jeweils in drei Varianten bestellen – neben nordhessisch im Original mit Ketchup und Mayo oder asiatisch mit Chili, Koriander und Erdnuss. Daneben gibt's noch eine leckere Brezel zum Wein oder Bier und den Kuchen des Tages. Das war's – und mehr braucht es auch nicht für einen wahrhaft genussreichen Abend am See.

Adresse Main-Weser-Straße 60, 34582 Borken-Singlis; Infos zum Fleisch vom Biobauern Hubertus Nägel unter www.tierfairbrik.de | ÖPNV RB 38 und RE 98 bis Bahnhof Singlis, 15 Minuten Fußweg | Öffnungszeiten Mai–Okt. Mi–Fr 15–21 Uhr, Sa, So 12–21 Uhr

21 Der Wurstehimmel

Schwein gehabt: veganes Weckewerk

»Persönlich bin ich nur ein mittelmäßiger Fan von fleischlosen Produkten«, sagt Katharina Koch. Aus dem Mund einer Fleischermeisterin verwundert dieser Satz nicht. Und doch hat die innovative junge Metzgerin neben all der Schlachtware, die in ihrem Wilhelmsthaler Wurstehimmel hängt, ein Produkt im Angebot, für das kein Schwein sein Leben lassen musste: veganes Weckewerk nämlich.

Während die konventionelle Variante dieses nordhessischen Traditionsgerichts aus Schweinefleisch, Schwarten, Speck und Brötchen gemacht wird, enthält die vegane Alternative nur weiße Bohnen, Reiswaffeln und Kokosfett – alles in Bio-Qualität. Und Gewürze natürlich, die dem fleischlosen deftigen Brotaufstrich den Original-Geschmack verleihen. Ein gelungenes Produkt? Bei der Blindverkostung bleiben Unterschiede wahrnehmbar, aber Konsistenz und Aroma stimmen. Und das ist Katharina Koch besonders wichtig: »Es ist ein handwerkliches Produkt ohne Zusatzstoffe.«

Das vegane Weckewerk geriet nicht einfach so ins Sortiment der Landfleischerei Koch, sondern ist ein Resultat der Kasseler Weltkunstausstellung. Und das kam so: Für die documenta 15 hatte der Wurstehimmel 2022 ein besonderes Ahle-Wurscht-Rezept erdacht – die Stracke mit Jasminblüten zu Ehren der aus Indonesien stammenden Kuratoren. Neben dieser regionalen Wurstspezialität sollte aber auch noch ein fleischloses Merchandise-Produkt angeboten werden. Die Wurstehimmel-Mannschaft experimentierte ohne Scheu und ergebnisoffen mit dem Thermomix – und heraus kam das vegane Weckewerk, das die Besucher der documenta »wie verrückt kauften«, wie sich Katharina Koch erinnert.

Man kann das vegane Weckewerk aus dem Glas wie die echte fleischhaltige Hausmannskost aus der Dose klassisch in der Pfanne scharf anbraten und mit Pellkartoffeln, eingelegten Gurken, Salat und Schmandsoße essen, es eignet sich aber auch bestens kalt als Brotaufstrich.

Adresse Landfleischerei Koch, Mittelstraße 6, 34379 Calden, Tel. 05674/6106, www.wurstehimmel.de | **ÖPNV** Bus 100, Haltestelle Calden Rathaus | **Öffnungszeiten** Mo–Do 7–13 und 15–18 Uhr, Fr 6–18 Uhr, Sa 6–13 Uhr

22 Der Schepperling

Waldecker Nationalgericht aus Kartoffeln

Manchmal erschließen sich die Dinge vom Namen her. Scheppe – das bedeutet im Waldecker Dialekt so viel wie Schöpfkelle. Eine Scheppe voller Kartoffelteig also holt Juliane Wagener aus dem Eimer und gießt eine ovale Form auf die heiße Herdplatte, die sie zuvor mit einer Speckschwarte eingefettet hat. Nach einer kurzen Weile wendet sie mit dem Pfannkuchenmesser den auf der einen Seite schon goldgelben Fladen, lässt ihn auf der anderen Seite noch ein wenig backen – und fertig ist der Schepperling.

Auf dem Bunten Markt in Edertal-Bergheim stehen die Menschen schon zur Frühstückszeit vor dem duftenden Stand Schlange, denn Schepperlinge, das Waldecker Nationalgericht, gibt es nur zehn Mal im Jahr. Das ehemalige Armeleuteessen ist ein exklusives Vergnügen geworden, auch wenn es absolut kein Luxus ist, denn ein Schepperling kostet nur 1,20 Euro. Etliche hundert der mit Butter bestrichenen und zusammengerollten Bratlinge gehen an diesem Samstag über die Theke. »Es ist der Geschmack von Heimat«, sagt Julianes Bruder Tobias, der an einer zweiten Platte steht und Schepperlinge macht. Die Familie Wagener, Kartoffelbauern aus Wellen, verfügt über den wichtigsten Rohstoff zur Herstellung des regionalen Snacks. »Jeder macht sie ein wenig anders«, weiß Tobias, verrät die Details aber nicht.

Das Originalrezept hat Bärbel Stremme, die jahrelang einen Schepperling-Stand in Bad Wildungen betrieb, im Internet veröffentlicht: »Hefe, Milch, Zucker und Mehl zu einem Teig ansetzen und gehen lassen. Kartoffeln schälen und reiben. Die Masse durch ein Sieb abtropfen lassen, das Kartoffelwasser auffangen. Die Kartoffelstärke später dem Teig zugeben. Kartoffeln, Eier und eine Prise Salz zum Hefeteig geben. Die Schepperlinge hellbraun backen. Sie werden sofort heiß serviert. Man bestreicht sie dünn mit Butter oder Speck mit Zwiebeln und rollt sie auf. Dazu eine gute Tasse Kaffee.«

Adresse Wageners Schepperling-Stand auf dem Bunten Markt, Markthalle, 34549 Edertal-Bergheim, Tel. 05621/94776, www.edertal-online.de; Kontakt zu Bärbel Stremme unter www.schepperling.de | **ÖPNV** Bus 510, 514, 515, Haltestelle Edertal-Bergheim Markthalle | **Öffnungszeiten** März–Nov. jeden 1. Sa im Monat ab 9 Uhr

23 Die Sperrmauer-Bude

Waffeln und Wurst für wenig Geld

Hessens größter Stausee zieht die Menschen an. Vom neuen Besucherzentrum in Hemfurth aus ist der Blick auf 200 Millionen Kubikmeter Ederseewasser beeindruckend. Aber manch einer kommt gar nicht so weit, wenn ihm auf dem Weg zur gewaltigen Sperrmauer der Duft von frischen Waffeln in die Nase steigt. Dem Geruch folgend, landet man bei einer unscheinbaren Holzbude am Straßenrand, vor der sich eine Schlange gebildet hat. Waffeln mit Puderzucker oder Nutella für 1,30 Euro, zum gleichen Preis die Tasse Kaffee. Auch Bratwurst gibt es und die »Heiße Heide« – ein Glühweinmix für 1,50 Euro. Die Verlockung von Duft und Preis ist zu groß, hier kommt man nicht vorbei. Der Stopp beim Waffelmann ist ein Muss.

Georg Przygodda steht seit 40 Jahren mit Waffeleisen und Grill in der Bude. Zusammen mit seiner Frau wohnt er in dem Haus dahinter, verkauft quasi vom Garten aus die heiß begehrte Ware an Passanten. Lange Zeit kosteten seine legendären Waffeln unter einem Euro, zuletzt erfolgte dann die inflationsbedingte Anpassung. Aber Geld sei ihm nicht wichtig, sagt Przygodda, als die Schlange kürzer wird und er ins Plaudern gerät: »Das ist nur Papier und Metall.« Als Automechaniker wurde der Waffelmann vor Jahrzehnten arbeitslos und machte sich daraufhin selbstständig, zunächst auf der anderen Seite der Sperrmauer, dann – nach einem Lottogewinn und dem Hauskauf – in Hemfurth. Die Investitionen für den Betrieb halten sich in Grenzen, im Jubiläumsjahr muss es ein neues Dach für die Hütte sein.

Die Schlange wird wieder länger, es wird nach Wurst verlangt. »Bratwurst ist alle«, bedauert der Mann mit der Wollmütze. »Dann nehmen wir zwei Waffeln«, kommt als Antwort zurück. Das Rezept von der Oma – nur Mehl, Milch und Eier – ist der Renner. »Teig!« ruft der Waffelmann seiner Frau zu. Die reicht eine frisch gefüllte Schüssel rein, und die beiden Waffeleisen klappen wieder zu.

Adresse Waffelbude Georg Przygodda, Zur Sperrmauer 56–58, 34549 Edertal-Hemfurth | ÖPNV Bus 515, 503, Haltestelle Edertal-Hemfurth Aquapark | Öffnungszeiten täglich nach Bedarf

24 Die Fischräucherei

Marina-Flair mit Lachsbrötchen

Auf der deutschen Luxusinsel Sylt gehört es zum kulinarischen Standard: das Fischbrötchen bei Gosch am Lister Hafen, das mit einem Glas Weißwein und dem Blick auf die Nordsee genossen wird – ein perfektes Urlaubserlebnis. Kann man dieses Vergnügen der Reichen und Schönen auch preisgünstiger haben? Man kann. Zumindest Fahrtkosten spart, wer in der Fischräucherei in Rehbach ein Brötchen mit frischer Lachsforelle ordert, dazu ein Glas Riesling bestellt und einen sonnigen Nachmittag mit Blick auf den Edersee verbringt. Zugegeben: Im Edersee schwappt Süß- statt Salzwasser, und die Wellen sind kleiner. Der Horizont zeigt sich hierzulande nicht endlos, sondern im grünen Auf und Ab der Waldecker Berge. Aber sonst ist alles da. Der Gaumen muss keine Abstriche machen, denn die Produkte aus der Edersee-Räucherei sind frisch und schmecken hervorragend.

Wie an der nördlichsten Fischbude am Lister Hafen ist auch in der Rehbacher Marina einiges los. Man beißt ins knusprige Brötchen mit Lachs, Bismarckhering, Matjes oder Forelle und schaut vom Tisch aus zu, wie die Masten der Segelboote lustig im Wind schaukeln. Freizeitkapitäne genehmigen sich ein Bier an Deck. Kinder und Hunde laufen über schwimmende Stege. Der große Kran hievt ein tonnenschweres Boot ins Wasser, während die Eigner an Land stehen und beten, dass die Hebegurte halten. In kurzen Abständen legt die Edersee-Fähre an, um immer wieder eine Handvoll Radfahrer von der Halbinsel Scheid an den Badestrand nach Rehbach zu bringen.

Nebenan brennt Buchenholz im Altonaer Räucherofen, der den Fisch in Rehbach schon seit den 1950er Jahren auf traditionelle Art und Weise schmackhaft macht. Auch Aal und Stremellachs sind im Angebot, manchmal gibt's geräucherte Shrimps-Spieße, Fish and Chips gehören zum Standard. Wenn die Sonne untergeht und das Treiben auf dem Wasser nachlässt, füllen sich die Tische der Fischräucherei – Sylt lässt grüßen.

Adresse Strandweg 11, 34549 Edertal-Rehbach, Tel. 05623/9969986, www.fischraeucherei-edersee.de | ÖPNV Bus 515, Haltestelle Edertal-Rehbach | Öffnungszeiten Mo 12–17 Uhr, Di–Do 11.30–17 Uhr, Fr–So 11.30–18 Uhr

25 Der Gasthof Zur Krone

Krautshäuptchen aus dem Gugelhupf

Man nehme Weißkohl, schneide ihn in Streifen und blanchiere das Kraut, vermenge Schweinehack mit eingeweichten Brötchen, Zwiebeln und Gewürzen und fülle das Ganze dann schichtweise in eine Gugelhupfform. Diese kommt – mit einem Deckel verschlossen – für mindestens eine Stunde ins Wasserbad. Wenn man die Form dann stürzt, steht ein Krautshäuptchen wie aus dem Bilderbuch auf dem Teller. In sechs Portionen schneidet der Koch den Kuchen aus Fleisch und Kraut. Mit Kartoffeln und heller Béchamelsoße und garniert mit grüner Petersilie kommen die Stücke auf den Teller.

Als »Klassiker unserer Heimat« bietet die Familie Brill das Eschweger Krautshäuptchen im Altstadtgasthof Zur Krone an – und die regionale Spezialität ist der Renner. Besonders in der Variante mit »Senfsoße nach Art des Hauses« erfreut es sich großer Beliebtheit. Nicht ohne Grund, denn die Senfsoße gibt dem nordhessischen Traditionsgericht einen originellen geschmacklichen Akzent. Andernorts verzichtet man auf die Puddingform und bereitet den geschichteten »Krautkopf« oder auch »Fraaß« genannt im Backofen zu, aber der erkennbare formale Gestaltungswille verleiht dem Ganzen natürlich den besonderen Clou.

Am Stammtisch in der Gaststube genießt man dieses Gericht mit Blick auf den mächtigen Kachelofen und den Schaukasten des Eschweger Zinnfigurenkabinetts, in dem die Geschichte der Fachwerkstadt im kleinen Maßstab lebendig wird. In der Krone hält man auch weitere regionale Spezialitäten hoch, die man anderswo längst von der Speisekarte getilgt hat. Etwa das Weckewerk, bestehend aus in Brühe gekochtem Hack und Schwarte, mit Wecken vermengt und gewolft, pikant abgeschmeckt und gebraten, dazu saure Gurke und Salzkartoffeln vom Gutshof Jestädt. Oder das Hessische Tiramisu, eine feine Nachspeise aus Löffelbiskuit mit Apfel, Zimt und Mascarpone-Quark-Creme, dekorativ präsentiert im Glas auf einem blütenbestreuten Teller.

Adresse Stad 9, 37269 Eschwege, Tel. 05651/30066, www.altstadtgasthof-krone.de | **ÖPNV** Bus 1, 3, 4, 5, 221, Haltestelle Eschwege Amtsgericht | **Öffnungszeiten** März–Dez. Di–So 11.30–21 Uhr, Jan.–Feb. Di–Sa 11.30–21 Uhr, So 11.30–20 Uhr

26 Das Schmeckewöhlerchen

Fruchtaufstrich »7 Zwerge« aus dem Gartencafé

Der Nordhesse bezeichnet mit dem Begriff Schmeckewöhlerchen alles, was gut schmeckt. Gemeint sein können Ahle Wurscht, Weckewerk und Duckefett, aber auch süßer Schmandkuchen oder ein Bratapfel. Das alles ist im gleichnamigen Café Programm. Auf einem zauberhaften Gartengrundstück am Ortsrand von Hohenkirchen haben Claus und Iris Eßmann ein kulinarisches Paradies geschaffen, das in zeitlich und räumlich begrenzter Dosis märchenhaften Genuss verspricht. Will sagen: Die Gartenpforte steht nur an wenigen Tagen offen, und viele Gäste passen auch nicht in das kleine Häuschen. Aber wenn die Betreiber vor Ort sind, darf man mit Verkostung auf professionellem Niveau rechnen.

2017 wandte sich das Ehepaar nach einem erfolgreichen Berufsleben in der Unternehmensberatung und in der Pharmaindustrie der Hobby-Gastronomie zu. Eigentlich sollte auf dem verwilderten Grundstück nur ein privates Gästehaus entstehen, doch schon bald wurde mehr daraus. Café, Terrasse, Biergarten, Pavillon und der wunderbar gestaltete Garten locken Einheimische und Auswärtige an, denn Iris Eßmann versteht sich vorzüglich aufs Backen und Kochen, ihr Mann ist ein perfekter Gastgeber. An fein gedeckten Tischen mit Silberservice und Sammelgeschirr lassen sich Gäste im Winter mehrgängige Gänsemenüs schmecken und genießen im Sommer üppige Grillbüfetts. Die durchweg regionalen Zutaten werden im Gastraum zubereitet, manchmal helfen die Gäste in der Küche – es geht zu wie bei einem Besuch bei Freunden.

»Der Garten wirkt beruhigend«, sagt Iris Eßmann, die hinter dem Herd steht. Das Obst für die nachmittäglichen Blechkuchen und Torten kommt zumeist aus dem eigenen Garten – in manchen Jahren ernten und verarbeiten die Eßmanns über 2.000 Kilo. Die Trinkgeldkasse plündern sie für ihr Projekt »Kinder im Garten«, bei dem sie mit Besuchern aus der Kita Brot backen oder Marmelade kochen – »ein Riesenspaß«.

Adresse Rothwester Straße 13, 34314 Espenau-Hohenkirchen, Tel. 05673/925373, www.schmeckewoehlerchen.eu | **ÖPNV** Bus 47, 172, N40, Haltestelle Espenau-Hohenkirchen Buchenstraße | **Öffnungszeiten** Fr 18–24 Uhr, Sa, So 14–18 Uhr und nach Absprache

27 Der Nüsschenhof

Feldsalat und mehr

Was in Nordhessen Nüsschen genannt wird, gehört zur Familie der Geißblattgewächse und zur Unterfamilie der Baldriangewächse, wissenschaftlich *Valerianella* – gemeinhin bekannt als Feldsalat. Dem Anbau dieser Salatsorte haben sich die Brüder Sören und Hannes Hohmann primär verschrieben und ihren Bauernhof in Helmshausen deshalb Nüsschenhof genannt. Im Hofladen kann man die grünen Blättchen in der Erntezeit von Oktober bis März kaufen. Sie schmecken nussig und sind hier etwas größer, fester und knackiger als die Gewächshaus-Ware, die man im Supermarkt kriegt, sagen die jungen Gemüsebauern nicht ohne Stolz.

Ein Qualitätsvorteil, den Hausfrauen und Restaurantinhaber zu schätzen wissen: Weil der Salat länger auf dem Feld steht und langsamer wächst, sei seine Struktur stabiler, erklären die Jungbauern. Was das bringt? Gern werden die Nüsschen mit einer Soße aus Schmand, Zwiebeln, Essig, Zucker, Salz und Pfeffer gegessen. Das im Dressing enthaltene Salz entzieht den Salatblättern das Wasser – dadurch werden sie schnell schlaff, der knackige Salat wird zu Brei. Die Ware vom Nüsschenhof zeigt sich haltbarer, trotzt der Osmose und bleibt länger appetitlich.

Schon früh versuchten sich die beiden Brüder in der Direktvermarktung der elterlichen Hofprodukte. Als Jungs holten sie mit ihren Rasenmäher-Bulldogs Kürbisse vom Feld und präsentierten sie auf dem Hof zum Verkauf. Dass sie als studierte Landwirte noch immer Spaß an ihrer Arbeit haben und sich mit Salaten, Kräutern, Knollen, Wurzeln und Gemüsen aller Art bestens auskennen, zeigt die Internetseite, auf der das Riesensortiment von B wie Brokkoli bis Z wie Zwiebel saisonal aufgelistet ist. So weiß der Kunde, was er aktuell im Hofladen vorfindet. Einkaufen kann man in dem 60-Einwohner-Dorf im Schwalm-Eder-Kreis rund um die Uhr, der Betrag für die Ware wird einfach in die Kasse geworfen oder per App elektronisch abgerechnet.

Adresse Zur Kapelle 1, 34587 Felsberg-Helmshausen, Tel. 0177/2774406, www.nuesschenhof.de | ÖPNV Bus 442, 445, Haltestelle Felsberg-Helmshausen | Öffnungszeiten SB-Hofladen täglich rund um die Uhr zugänglich

28 Die Bärenmühle

Hugenottisches im Maison Martron

»Genießen wie Gott in Frankreich«, sagt man, wenn sich die Tische biegen und das Aufgebotene so richtig schmeckt – »... oder wie die Hugenotten in Nordhessen«, fügt man in der Bärenmühle gern hinzu, wo man inspiriert durch französische Glaubensflüchtlinge, die im 17. Jahrhundert in die Region kamen, eine feine Landhausküche mit französischem Esprit pflegt. Nicht ohne Grund ist das Restaurant Maison Martron nach jener Hugenottin benannt, die 1735 in die Bärenmühle einheiratete und Rezepte aus ihrer provenzalischen Heimat mitbrachte. Das Romantik-Hotel im Lengeltal hat diese Wurzeln aufgegriffen und serviert seinen Gästen Köstlichkeiten wie hausgemachte »Ravioles« – raffiniert gefüllte Teigtaschen, die schon die Hugenotten kannten.

Christiane Kohl, die vor vielen Jahren in die elterliche Bärenmühle am Nationalpark Kellerwald-Edersee zurückkehrte und das Anwesen in ein Hotel verwandelte, liegt auch die kulinarische Tradition sehr am Herzen. Auf Reisen nach Südfrankreich spürte sie Weine und alte Rezepte auf und kam so der Welt der Hugenotten näher, die in Frankenau-Louisendorf eine neue Heimat gefunden hatten. Natürlich werden die einstigen Arme-Leute-Gerichte in der Bärenmühle neu interpretiert. Die Hotelküche verfeinert mit nordhessischen Zutaten, allzu Deftiges, Schweres wird in Leichtes verzaubert. Beispiel gefällig? Supreme von der Poularde mit Macadamia-Püree, sautiertem Spitzkohl und Wurzelgemüse kommt als Menü-Gang gut an. Und als Aperitif gibt es den frisch-herben Crémant de Die, einen bäuerlichen Schaumwein, den man aus der Dauphiné importiert.

Noch etwas ist typisch hugenottisch: Der Kirschkuchen, den man im Sommer im Innenhof der Bärenmühle serviert bekommt, wird mit Lichtkirschen gebacken, deren Kerne einer der Hugenotten-Flüchtlinge einst nach Louisendorf mitbrachte und die in der neuen Heimat zu Kirschbäumen heranwuchsen.

Adresse Bärenmühle 1, 35110 Frankenau-Ellershausen, Tel. 06455/759040, www.baerenmuehle.de | **ÖPNV** Bus 520, Haltestelle Frankenau-Ellershausen, 30 Minuten Fußweg | **Öffnungszeiten** Mi–Sa 18–22.30 Uhr, Fr–So zusätzlich 12.30–14.30 Uhr

29 Die Sonne

Sonne und Sterne gehören zusammen

Die Sonne ist *die* Restaurant-Institution Frankenbergs. Hier gibt es ein Oben und ein Unten. Oben in der SonneStuben sitzen die Gäste auf Augenhöhe mit dem zehntürmigen Rathaus im Herzen der Altstadt und lassen sich die gutbürgerliche Küche im gemütlichen Fachwerk-Ambiente schmecken. Keine schlechte Wahl, denn vom Guide Michelin wurde das Restaurant wegen seiner hervorragenden Menüs und des guten Preis-Leistungs-Verhältnisses mit einem »Bib Gourmand« ausgezeichnet. Unten – also im Souterrain des Hauses – ist das Reich von Küchenchef Erik Arnecke. Er gibt seit neun Jahren im Gourmetrestaurant Philipp Soldan den Ton an und hat schon einen Michelin-Stern und drei Hauben im Gault-Millau erkocht. Sonne und Sterne – das passt also zusammen.

Der Einstieg in die Welt der preisgekrönten Gastronomie wird Gästen in Frankenberg leicht gemacht – zum Beispiel mit dem Mittagsangebot »Sonntagsvergnügen«, das ein Drei-Gänge-Menü für 64 Euro bietet. Natürlich lässt sich das steigern, das »Raritäten-Dinner« kostet ein Vielfaches, schöpft aber auch alle Möglichkeiten der Gourmetküche aus. Erik Arnecke nennt als Erstes die Wildgerichte, wenn er den regionalen Ansatz seiner Kochkunst erläutert: Glasiertes Bäckchen vom Wildschwein etwa, Rehrücken, Wildleberkäse und Wildbratwurst kommen vom Rot- und Schwarzwild aus dem eigenen Jagdrevier der Unternehmensgruppe – gemeint ist der ortsansässige Familienkonzern Viessmann, dem auch das Restaurant gehört.

Arneckes Rezepte basieren zumeist auf Zutaten aus der Nähe. Der bodenständige Koch, der selbst gern Grünkohl und Eintöpfe isst, erntet Wurzelgemüse und Beeren im eigenen Garten oder findet Sauerklee und Pilze beim Spaziergang mit den Kindern im Wald. Nordhessisches bindet er unideologisch in seine französisch-basierte Küche ein. Im skandinavisch-nüchtern eingerichteten Gastraum »unten in der Sonne« wird so etwas dann auch für den anspruchsvollen Gast zum vorzüglichen Genuss.

Adresse Marktplatz 2–4, 35066 Frankenberg, Tel. 06451/7500, www.sonne-frankenberg.de | ÖPNV Bus 520, 530, Haltestelle Frankenberg Uferstraße | Öffnungszeiten Do ab 18.30 Uhr, Fr, Sa ab 19 Uhr, So ab 12 Uhr

30 Frischfisch aus Fritzlar

Eder-Forellen vom Züchter Rameil

Wenn Juniorchef Henrik Rameil mit dem roten Eimer am Beckenrand auftaucht, wissen die Forellen schon Bescheid. »Dass ich Futter dabeihabe, spricht sich schnell rum«, lächelt der Fischzüchter, holt aus und wirft eine Schaufel voller Pellets ins Wasser, woraufhin im Becken der Teufel los ist: Dutzende Fische springen und schnappen nach den Körnern, »das Wasser kocht«, wie Rameil sagt.

Normalerweise erfolgt die Fütterung nicht per Hand, sondern vollautomatisch: Fünf Mal am Tag streut die Anlage eine genau ausgetüftelte Menge an pflanzlichen und tierischen Nährstoffen mit Vitaminen ins Wasser, dessen Temperatur und Sauerstoffgehalt permanent überprüft wird. Nichts wird dem Zufall überlassen. In jedem der 18 großen Teiche auf dem Areal des Zuchtbetriebs schwimmen 15.000 Regenbogenforellen, Saiblinge oder Bachforellen unterschiedlicher Altersklassen und Größen – rund eine Viertelmillion Flossentiere sind in den aus Ederwasser gespeisten Becken zu Hause. Natürlich nur so lange, bis sie ihre Schlachtgröße erreicht haben und irgendwo auf dem Teller landen.

Frische Fische aus Fritzlar gehören in Nordhessen zum kulinarischen Standard. Forelle Müllerin oder blau, geräucherter Saibling oder grätenfreies Butterfly-Filet – in vielen Gaststätten und Kantinen stehen Gerichte mit heimischem Fisch auf der Karte. »Wenn ein Koch um 9 Uhr morgens bei uns Forellen bestellt, sind die um 7 Uhr noch im Wasser geschwommen«, sagt Rameil, der Aquakultur und BWL studiert hat, nicht ohne Stolz. Frischer geht es nicht. Festes Fleisch ohne den Beigeschmack von Schlamm dürfen die Kunden erwarten. Mit 200 Tonnen jährlich steuert der Betrieb zwei Prozent der deutschen Forellenproduktion bei.

Selbstabholer bekommen im Hofladen alles, was das Herz begehrt: von Aal über Karpfen, Hecht und Stör bis hin zu Zander, aber auch Seefisch und Meeresfrüchte. Geräuchert wird in Fritzlar computergesteuert mit Buchenholz.

Adresse Fischzucht Rameil, Pipprichsweg 9, 34560 Fritzlar, Tel. 05622/1685, www.fischzucht-rameil.de | **Anfahrt** Hofladen ca. 2 Kilometer außerhalb von Fritzlar in den Ederauen, über den Mainzer Ring erreichbar | **Öffnungszeiten** Hofladen: Do, Fr 10–17 Uhr, Sa 9–12 Uhr

31 Das Lindenhof-Lädchen

Wohlfühlstall und Heiße Theke

Es klingt klein und bescheiden: Wer hinter dem Lindenhof-Lädchen eine One-Man-Show auf wenigen Quadratmetern vermutet hat, wird sich über die tatsächlichen Dimensionen und das professionelle Niveau dieses Hofladens wundern. Etwas außerhalb von Fritzlar gelegen, nehmen die Stallungen, Produktions-, Verarbeitungs- und Verkaufsstätten viel Raum ein. Schließlich wollen 2.000 Schweine, 4.000 Hühner, ein eigener Schlachthof, der neue Laden und die »Heiße Theke« mit 45 Plätzen zum Sofort-Verzehr untergebracht sein. Dazu bewirtschaftet der Lindenhof 114 Hektar Ackerland und Grünflächen. Und die Autos der Kunden und der 30 Mitarbeiter müssen auch noch irgendwo parken.

Die Betreiber, Landwirt und Metzgermeister Erwin Volke, sein Sohn Martin und der Koch Benjamin Eimer, sind stolz auf die Qualität ihrer Produkte und die Lebensbedingungen der Tiere. Denn Lindenhof-Schweine wachsen mit genug Platz im klimatisierten Wohlfühlstall auf, wo sie sogar Spiel- und Ruhezonen haben. »Gesunde und glückliche Schweine erzeugen hochwertiges Fleisch und damit hervorragenden Geschmack«, sagt Volke. Und Küchenchef Eimer fügt hinzu: »Man sieht die bessere Qualität schon an der Fleischfarbe, unsere Koteletts und Schnitzel werden auch in der Pfanne nicht blass und wässrig.« Das besondere Plus: Die Tiere werden ohne Transportwege stressfrei vor Ort in der neuen Anlage geschlachtet, die letzten Momente seien für die Schweine »wie im Paradies«, schwärmt das Team. Freilich führt an den Messern aber letztlich kein Weg vorbei.

Die Kunden können neben Fleisch und Wurst auch Gemüse, Eier und selbst gemachte Nudeln mit nach Hause nehmen. Das leckere Paprika-Rahm-Schnitzel vom Heuschwein oder die Hähnchenbrust-Medaillons aus der Heißen Theke kann man auch gleich vor Ort vertilgen. In Gläsern hält die Küche zudem über 100 Sorten Fertiggerichte »wie von Oma gekocht« vor – der Renner ist die Erbsensuppe.

Adresse Lindenweg 7, 34560 Fritzlar, Tel. 05622/1579, www.lindenhof-laedchen.de | ÖPNV vom Bahnhof Fritzlar circa 30 Minuten Fußweg | Öffnungszeiten Mo – Fr 8 – 18 Uhr, Sa 7.30 – 13 Uhr

32 Das Restaurant »das Nägel«

Quinoa-Bratlinge mit Kürbisragout

Mittelalterliche Fachwerkhäuser und der Rolandsbrunnen bestimmen das Bild des Fritzlarer Marktplatzes. Mittendrin: »das Nägel« – *die* kulinarische Institution der Kleinstadt. Hinter den schmucken Fassaden der beiden Gebäude, die im katholischen Fritzlar einst als »Caritashaus« bekannt waren, kämpfen heute die Genießer um einen Tisch. Ohne Reservierung hat man schlechte Karten. In der Küche wirkt kein Nordhesse, sondern ein Österreicher. Pächter Josef Krammer, der das Haus 2012 übernahm, will in seinem Restaurant »Tradition und Weltoffenheit mit Zutaten aus der Region verbinden«, wie er sagt.

Kein Wunder also, dass auf der Karte Steirisches Backhendl mit Kartoffel-Vogerlsalat zu finden ist, ebenso wie Spinatknödel, Palatschinken und Kaiserschmarrn. Doch Krammer kann auch nordhessisch – nur etwas anders als gewöhnlich. Der Küchenchef überrascht mit hausgemachten Quinoa-Bratlingen auf Kürbisragout. Man staune: Das als »Superfood« bekannte südamerikanische Korn bezieht er nicht von weit her, sondern ganz aus der Nähe, nämlich vom Borkener Bauernhof Bock. Kombiniert mit Kürbis, kommt ein schmackhaftes, gesundes vegetarisches Nordhessen-Gericht auf den Teller, das in die Zeit passt.

Die Idee, die Anden-Nutzpflanze auf heimischen Äckern wachsen zu lassen, hatte Junglandwirt Robin Bock aus Lendorf. Im Rahmen seiner Ausbildung zum Agrar-Betriebswirt schrieb er seine Bachelor-Arbeit zur Frage: »Kann man Quinoa erfolgreich in Deutschland anbauen?« Die Antwort war Ja, sowohl pflanzlich als auch wirtschaftlich funktionierte sein Praxisprojekt. Auf 1,5 Hektar erntet Bock pro Jahr rund zwei Tonnen »Lindenkorn«, das er als klimafreundlich, glutenfrei, eiweiß- und vitaminreich beschreibt. In Tüten abgefüllt kann man das Korn, das auch im Salat oder Müsli schmeckt, bei Edeka kaufen – oder als Bratling im österreichischen Restaurant am Fritzlarer Marktplatz essen.

Adresse Marktplatz 12 – 14, 34560 Fritzlar, Tel. 05622/7906000, www.das-naegel.de; Kontakt zu Robin Bock unter www.koestliches-nordhessen.de/lindenkorn | ÖPNV Bus 400, 450, 500, Haltestelle Busbahnhof Fritzlar Allee | Öffnungszeiten Di – So 9 – 22 Uhr

33__Spenglers Weinstube

Eine Stulle auf die Faust zum Wein

Beliebt in Weindörfern sind Straußwirtschaften, in denen die Winzer auf dem Hof ihren Wein ausschenken und dazu kleine Gerichte servieren. Oft markiert ein Besen solche Genussorte, daher spricht man auch von Besenwirtschaften. Nun wächst im kühlen Nordhessen – mit Ausnahme der wenigen Rebstöcke am Böddiger Berg in Felsberg – kein Wein. Trotzdem erinnert Spenglers Weinstube in Bergshausen in mancher Hinsicht an das gastronomische Vorbild in südlichen Weinorten.

»Wir sind ein Mittelding zwischen Straußwirtschaft und normalem Restaurant«, sagt Otto Spengler, der seinen Fachwerkhof aus dem Jahr 1715 in einen schmucken Gasthof umgebaut hat. Aus der alten Scheune wurde eine gemütliche Weinstube, in der Holzbalken und lehmgefüllte Gefache die Ursprungskonstruktion erkennen lassen. Im Sommer sitzt man auf Bänken draußen im Hof. Aus der landwirtschaftlichen Ära sind Flachsbrecher und Dreschmaschine als Deko übrig geblieben – aber auch etliche Essgewohnheiten.

»Uff de Fuste« gibt es belegte Brote mit Ahler Wurscht oder Frischkäse, was sich als vorzügliches Schmankerl vorweg zum Wein erweist, egal, ob man einen weißen Grauburgunder oder einen roten Lemberger dazu trinkt. Zum Sattwerden kann es auch eine Vesperplatte mit Wurst und Käse, ein Flammkuchen mit Schmandcreme oder das Schweinefilet im Blätterteigmantel auf Rahmwirsing sein. Doch auf der Karte überwiegen die Kleinigkeiten, denn naturgemäß spielt der Wein in diesem Ambiente die Hauptrolle. Linsensalat, gratinierter Ziegenkäse oder auch nur eine Portion Oliven mit Brot bilden eine gute Grundlage und lassen die edlen Tröpfchen zur Geltung kommen.

Dass in der Weinstube am Männerstammtisch das Bier in Strömen fließt, nimmt der Wirt mit Gleichmut hin. Ist was dran an der alten Trinkweisheit »Bier auf Wein, das lass sein – Wein auf Bier, das rat ich dir«? Wer's wissen will, kann es bei Spenglers ausprobieren.

Adresse Kasseler Straße 33, 34277 Fuldabrück-Bergshausen, Tel. 0157/74358829, www.spenglers-weinstube.de | **ÖPNV** Bus 17, Haltestelle Flughafenstraße; Weinstube direkt am Fulda-Radweg R 1 | **Öffnungszeiten** Mo, Do, So 18–21.30 Uhr, Fr, Sa 18–23.30 Uhr

34_Das Kasseler Strünkchen

Wenn der Salat ins Kraut schießt

»Arche des Geschmacks« heißt ein Projekt der Slow-Food-Stiftung. Das Anliegen: Regional bedeutsame Lebensmittel und Kulturpflanzen sollen vor dem Vergessen und Verschwinden gerettet werden. Auf der Passagierliste der Arche steht auch das Kasseler Strünkchen, eine nordhessische Gemüsesorte, die früher einmal in aller Munde war und heute aus der Mode gekommen ist. Nur wenige in der Region kennen noch das Blattgemüse, das früher besonders in ärmeren Haushalten in und um Kassel regelmäßig auf dem Speiseplan stand. »Schlupperkohl« hieß das damals, wie sich Ältere erinnern. Warum er in Vergessenheit geriet? Schuld ist der Spargel, der das Strünkchen verdrängte. Er ist leichter zu schälen und irgendwie edler.

Aber noch ist der grüne Strunk nicht dem Untergang geweiht. So wie Noah zu biblischen Zeiten die Tierarten vor der Sintflut auf seine Arche rettete, hat sich die Gärtnerei Ullrich des Kasseler Strünkchens angenommen. Im Hofladen des Familienbetriebs, der in der vierten Generation in Ihringshausen Gemüse anbaut und dieses auch auf dem Wehlheider Wochenmarkt verkauft, wird man auf Nachfrage fündig. »Wie viele brauchen Sie denn?«, lautet die schlichte Frage der freundlichen Verkäuferin. Der Griff in die Kiste fördert einen langen Strunk mit grünen Blättern hervor, der aussieht wie geschossener Salat.

Und tatsächlich: Es handelt sich bei dem Strünkchen um nichts anderes als eine Variante des Romanasalats, der als Sommerendivienkopf quasi zu spät geerntet wurde und nun als Gemüse eine Zweitverwertung erfährt. Bei der Gärtnerei Ullrich weiß man auch noch, wie daraus ein typisch nordhessisches Gericht wird: die Blätter vom Strunk lösen und in Stücke schneiden, dünne Scheiben des Strunks andünsten und garen. Unter die Butter-Mehlschwitze Schmand rühren, Speckwürfel dazugeben – schon ist das Gemüse als Beilage zur Frikadelle oder Bratwurst fertig. Und? Es schmegged!

Adresse Hofladen (und Wochenmärkte) Gärtnerei Ullrich, Dörnbergstraße 90, 34233 Fuldatal-Ihringshausen, Tel. 0561/9812781, www.regional-optimal.de/anbieter | **ÖPNV** Bus 41, Haltestelle Fuldatal-Ihringshausen West, 15 Minuten Fußweg | **Öffnungszeiten** Fr 9 – 18 Uhr

35 Der Schwälmer Brotladen

Knuspriges Rotkäppchen-Holzofenbrot

Das tägliche Brot ist unverzichtbar. Wenn es gut schmecken soll, holt man es beim Bäcker. In Nordhessen stößt man dabei vielerorts auf den Schwälmer Brotladen, denn den gibt es zwischen Kassel und Gießen, Frankenberg und Bad Hersfeld gleich 80 Mal. Über so viele Läden und Cafés verfügt die in Gilserberg ansässige Bäckerei Viehmeier. Über 1.000 Menschen arbeiten für das Unternehmen, das sich trotz seiner beachtlichen Größe immer noch als handwerklicher Familienbetrieb versteht. »Wir wollen nicht altbacken sein, aber der Tradition treu bleiben«, betont Tochter Lena Katharina Dippel, die sich im elterlichen Betrieb ums Marketing kümmert. Auf der Tüte, in der die Kunden ihr Brot nach Hause tragen, steht in Sütterlin: »Unser bestes Holzofenbrot«, auch wenn viele Kunden die im Gründungsjahr 1907 gebräuchliche Schrift nicht mehr lesen können.

Wichtiger als die Verpackung aber ist das Produkt selbst: Aus lange gereiftem, herzhaftem Natursauerteig wird in echter Handarbeit – »und mit viel Liebe« – der Verkaufsschlager der Schwälmer gebacken: Das Rotkäppchen Holzofenbrot kommt wie vor über 100 Jahren aus dem historischen Steinofen. Schamottsteine, Holzfeuer und Asche sorgen für die wunderbare dunkle Kruste. Der typische »Schwalm-Geschmack« entsteht beim händischen Kneten des Teigs mit hohem Roggenanteil, der von Getreide aus Nordhessen stammt, und durch den sparsamen Umgang mit Salz.

Gar nicht sparsam ist man im Schwälmer Brotladen mit den Brötchensorten: Ofenfrisch werden die in Gärschränken gebackenen Teiglinge in die Tüte gepackt. Urwecke, Mehrkorn, Dinkel und Co. – insgesamt ein Dutzend Brötchenvarianten können auch vor Ort gegessen werden. Nach dem »Gute-Laune-Frühstück« nimmt man noch ein Bauernbrot mit, das am frühen Morgen die Backstube in Gilserberg verlassen hat. Und vielleicht auch ein Stück Kuchen oder feine Cremetorte aus der hauseigenen Konditorei.

Adresse Treysaer Weg 6a, 34630 Gilserberg, Tel. 06696/96180, www.schwaelmer-brotladen.de | ÖPNV Bus 460, 461, 462, Haltestelle Gilserberg Raiffeisen | Öffnungszeiten Mo – Fr 6 – 18 Uhr, Sa 6 – 17 Uhr, So 7 – 17.30 Uhr

36_Der Caldener Spargel

Frisch gestochen aus Nordhessen

Eigentlich ist Nordhessen keine traditionelle Spargelregion. Weiterstadt, Griesheim und Pfungstadt sind die südhessischen Hochburgen, denn im dortigen leichten Sandboden gedeiht das edle Gemüse bei milden Temperaturen besonders gut. »Unser Spargel ist besser«, behauptet dagegen trotzig Manuel Klemme aus dem nordhessischen Schachten. Hier baut seine Familie seit drei Jahrzehnten den Caldener Spargel an. Und zwar auf lehmigem Lössboden, der zwar schwieriger zu bearbeiten sei, aber dem Spargel einen unvergleichlichen Geschmack verleihe, so der regionale Erzeuger: »Unser Spargel schmeckt intensiver, kräftiger. Das ist ein Riesenunterschied: Caldener Spargel ist eine Klasse für sich.«

Erst die schwarzen Plastikfolien machten den Spargelanbau im raueren Nordhessen möglich, erläutert Klemme. Der Boden erwärmt sich unter der Abdeckung schneller, die Triebe sprießen erst bei höheren Temperaturen. Im April geht's los: Rund 40 bis 50 Erntehelfer aus Rumänien sind im Einsatz, um den Spargel zu stechen, was gekonnt sein muss, damit die Stangen nicht abbrechen und der Wurzelstock unbeschädigt bleibt. Gute Stecher schaffen bis zu 15 Kilo pro Stunde. Dann wird gewaschen und sortiert und frühmorgens an 30 Verkaufsstände ausgeliefert.

Überall in der Region kann man die erntefrischen Stangen in verschiedenen Dicken an den roten Riesenerdbeeren kaufen. Im Hofladen in Schachten wird der Spargel auf Kundenwusch auch kostenlos maschinell geschält.

Wie mag der Caldener Spargelkönig das saisonale Edelgemüse am liebsten? »Klassisch«, sagt Klemme, »mit Kartoffeln, Sauce hollandaise und rohem oder gekochtem Schinken.« Weil der regionale Spargel nur etwa drei Monate lang verfügbar ist, bleibt der butterweiche Genuss auf dem Teller etwas Besonderes. Im Hofladen gibt's auch grünen Spargel, der gern gegrillt oder gebraten wird – aber die weiße Stange bleibt die Königin.

Adresse Klemme Obstplantagen, Hofladen, Am unteren Teich 4, 34393 Grebenstein-Schachten, Tel. 05674/6455, www.obst-spargel.de | **Anfahrt** Hof in der Nähe des Flughafens Kassel, von der B 7 auf die K 50 durch Schachten, vor Grebenstein rechts in die Straße Am unteren Teich | **Öffnungszeiten** Hofladen in der Saison täglich 9–18 Uhr

37 Die Ehlener Poststuben

Grüne Soße ohne Grenzen

Um Ostern herum, wenn die ersten frischen Kräuter geerntet werden, beginnt in ganz Hessen die Saison der Grünen Soße. Meist startet das Frühlingsessen am Gründonnerstag. Eine schöne Tradition, die allerdings mit Vorsicht zu genießen ist, denn an dem Klassiker scheiden sich die Geister. Während im Süden des Landes die Frankfurter »Grie Soß« das Maß aller Dinge ist, dominiert im Norden das Kasseler Rezept. Eine Entscheidung, ja ein Bekenntnis, ist gefragt: Nord oder Süd? Welche Variante ist besser?

Für Außenstehende sind es nur marginale Unterschiede, für Kenner aber liegen Welten zwischen den regionalen Macharten. Dabei werden zur Herstellung in beiden Fällen Schmand, saure Sahne und hart gekochte Eier mit Kräutern gemischt. In Frankfurt sind es traditionell sieben – nämlich Borretsch, Kerbel, Kresse, Petersilie, Pimpinelle, Sauerampfer und Schnittlauch. In Kassel kommen statt Kerbel und Kresse eher Dill oder auch Zitronenmelisse in die Soße. Pellkartoffeln sind die typische Beilage.

In seinen Ehlener Poststuben am Fuß des Herkules spielt Miroslav Grasa mit beiden Grünen Soßen. Als kroatisches Gastarbeiterkind im Schwäbisch-Badischen aufgewachsen, ist er seit drei Jahrzehnten in dem Fachwerkhaus, das einst die Post beherbergte, zu Hause. Ein zu enger Heimatbegriff ist dem Gastronomen fremd. Deutsche Küche muss seiner Überzeugung nach vor allem frisch und kreativ sein.

Als Vorspeise, die einen Hauptgang eigentlich überflüssig erscheinen lässt, kommt bei ihm zu Ostern konsequenterweise eine Synthese aus beiden Welten auf den Tisch: Kasseler Grüne Soße, garniert mit vier Eihälften, so wie es in Frankfurt üblich ist. Dazu eine üppige Portion Sprossensalat und – das macht es besonders köstlich – zwei in Schinken gewickelte gebratene Spargelstangen. In der gemütlichen nordhessischen Restaurant-Stube verschwimmen beim Essen die Fronten zwischen den Grüne-Soße-Parteien.

Adresse Kasseler Straße 11, 34317 Habichtswald, Tel. 05606/5610100, www.ehlenerpoststuben.de | **ÖPNV** Bus 22, 110, Haltestelle Habichtswald-Ehlen Mitte | **Öffnungszeiten** Mi–So ab 17.30 Uhr, So zusätzlich 11.30–14.30 Uhr

38 Das Schloss Hohenhaus

Geschmortes Bergschaf aus eigener Zucht

»Ich koche nicht für die Region, sondern mit der Region«, sagt Peter Niemann. Der selbstbewusste Satz des Hohenhaus-Chefs könnte wie ein Affront gegen Nordhessen klingen. Doch Niemann, dessen Gourmetrestaurant »La Vallée Verte – das grüne Tal« zuletzt 2023 mit einem Michelin-Stern ausgezeichnet wurde, meint es anders: Was die Restaurantbesucher genießen, stammt aus einem Umkreis von zehn Kilometern. Bauern, Gärtner und Jäger aus dem Ringgau liefern ihre Qualitätsprodukte zu und bilden damit die Grundlage für das kulinarische Erlebnis. Die zahlungskräftigen Gäste hingegen pilgern aus der ganzen Republik nach Hohenhaus.

Der Wallfahrtsort für Genießer ist gekennzeichnet durch Ruhe und Abgeschiedenheit, allerdings auch durch einen Hubschrauber-Landeplatz für die Prominenz, die hier einfliegen möchte. Schafe, Hühner und Kühe auf der einen Seite, luxuriöses First-Class-Hotel-Ambiente auf der anderen. Für Niemann ist das kein Gegensatz: »Gute Lebensmittel haben ihren Preis, das sollte allen klar sein«, stellt der Koch kategorisch fest. Er entwickelte Hohenhaus zu einer echten Nachhaltigkeits-Hochburg. Wild, Getreide, Nüsse, Beeren und Kräuter kommen vom eigenen Gut, selbst das Wasser stammt aus dem Schlossbrunnen. Den Zehn-Kilometer-Radius verlässt Niemann nur ausnahmsweise, etwa um einmal im Quartal persönlich frischen Fisch in Skagen an der Nordspitze Dänemarks abzuholen oder um Genussideen aus der Bretagne zu importieren.

Exemplarisch für Standortnähe und Nachhaltigkeit steht die kleine Bergschaf-Herde, eine bedrohte Nutztierrasse, die auf der Wiese neben dem Hotel grast und Fleisch für die beiden Restaurants liefert. Im La Vallée Verte und im Hohenhaus-Grill findet man Kuttelnragout, geschmortes Bergschaf und Brioche-Burger mit gezupfter Schulter auf der Karte. Allerdings nur, wenn gerade ein Tier geschlachtet wurde. »In der Natur ist eben nicht alles immer verfügbar«, sagt Niemann.

Adresse Hohenhaus 1, 37293 Herleshausen-Holzhausen, Tel. 05654/9870, www.hohenhaus.de | **ÖPNV** Bus 241, Haltestelle Herleshausen-Holzhausen | **Öffnungszeiten** Mi – Sa ab 19 Uhr (nur mit Reservierung)

39 Die Kultursommer-Brote

Genuss aus Hildegards Kräutergarten

Eine Stunde bevor in der Klosterkirche von Reichenbach die Lesung des Kultursommers Nordhessen beginnt, liegen Berge von geschmierten Broten bereit. Leckere Schnittchen mit einem Aufstrich aus Salbei-, Bärlauch-, Tomaten- und Thymianbutter warten auf Abnehmer. Und die kommen in Scharen, um vor dem Kulturgenuss einen bodenständigen Happen auf der Wiese vor der Kirche mit einem Gläschen Wein zu verschnabulieren. Es hat sich herumgesprochen: Bei den regional inszenierten Veranstaltungen des jährlichen Festivals ist die Verbindung von Kulinarik mit Musik- und Literaturprogrammen Tradition. Denn Kultur muss auch schmecken!

Zuständig fürs leibliche Wohl sind in Reichenbach seit vielen Jahren die Kultursommerfrauen. Die ehrenamtlich tätigen Damen besorgen acht große Laibe köstliches Holzofenbrot von einem Bauernhof aus dem nahen Friemen und schneiden 240 Scheiben für die Butterbrote ab. Die Zutaten für den Aufstrich wachsen dort, wo vor 1.000 Jahren mal ein Nonnenkloster war. Gleich hinter der Basilika haben die kulturell und gärtnerisch engagierten Damen einen schönen Heilkräutergarten nach Vorgaben der Hildegard von Bingen angelegt.

Die mittelalterliche Ordensfrau wusste, welche Pflanzen guttun. Ihr Credo: »Die ganze Natur sollte dem Menschen zur Verfügung stehen, auf dass er mit ihr wirke, weil ja der Mensch ohne sie weder leben noch bestehen kann.«

In den Beeten wachsen Beifuß, Fenchel und Quendel – aber eben auch Salbei, Thymian und Bärlauch, was dann auf den Butterbroten landet und dem Kulturpublikum mundet. Wenig später sitzen alle drinnen auf den Kirchenbänken und erfreuen sich an lustigen und ernsten Gedichten, die aus Schauspielermund virtuos vorgetragen werden. Sind am Schluss alle 240 Schnittchen vertilgt? Wenn noch etwas übrig ist, treffen sich die Künstler nach der Veranstaltung mit den Kultursommerfrauen zum fröhlichen Resteessen.

Adresse Klosterkirche Reichenbach, Klosterstraße 2, 37235 Hessisch Lichtenau-Reichenbach; Kultursommer Nordhessen, Tel. 0561/988 393-99, www.kultursommer-nordhessen.de | ÖPNV Bus 206, Haltestelle Hessisch Lichtenau-Reichenbach | Öffnungszeiten Termine und Infos siehe Website

40 Der Biergarten am Rondell

Bärlauch-Bratwurst mit Bier und Sekt

Kassels schönster Biergarten liegt dort, wo die nordhessische Metropole ihre historischen Wurzeln hat. Am Flussufer steht das Rondell, ein ehemaliger Geschützturm aus dem Jahr 1523. Heute herrscht im Sommer ein buntes Treiben zwischen Bierbänken, Sandkasten und Sonnenschirmen, die oben auf den zehn Meter dicken Mauern, dem Rest der Festungsanlage des ehemaligen Landgrafenschlosses, aufgebaut sind. Schon die landgräfliche Familie soll die Rondellplattform an der Fulda als Lustgarten mit sommerlichem Speiseplatz genutzt haben. Was dort gegessen wurde, ist im Einzelnen nicht bekannt, vielleicht waren aber auch Bratwürste dabei, denn die wurden im Jahr 1404 erstmals urkundlich in Thüringen erwähnt – und da stand das Schloss in Kassel schon längst.

Den meisten, die vor dem Grill in der Schlange stehen, dürfte die Kulturgeschichte der Bratwurst herzlich egal sein. Man muss sich vielmehr Gedanken machen, was man bestellt, wenn man an der Reihe ist: Normale, Grobe, Chili-, Wildschwein- oder Bärlauch-Bratwurst sind im Angebot, zugeliefert von der Landmetzgerei Koch aus Calden, die seit Generationen für Hochwertiges aus der Wursteküche bekannt ist. Tipp: Ist noch was vorrätig, probieren Sie eine Bärlauch-Wurst, denn der feine knoblauchartige Geschmack gibt dem Grillgut eine besonders kräftige Würze. Die wiederum muss im Gaumen mit Bier gemildert werden. Sieben Sorten aus dem Fass werden am Rondell gezapft und noch einmal halb so viele Flaschenbiere verkauft, da ist für jeden Geschmack etwas dabei. Es gibt aber auch Leute, die bestellen einen Sekt zur Bratwurst – warum nicht, zumal ein Glas nur drei Euro kostet!

Während man es sich oben schmecken lässt, gleiten unten auf dem Fluss die schnellen Achter der Ruderclubs, Motorschiffe, Flöße und Stand-up-Paddler vorbei. Nicht wenige der Wassersportler werden über kurz oder lang auf den Bierbänken des Rondells sitzen.

Adresse Johann-Heugel-Weg, 34117 Kassel, Tel. 0157/78945853, www.rondell-kassel.com | ÖPNV Tram 3, 4, 8, Haltestelle Altmarkt / Regierungspräsidium | Öffnungszeiten nur im Sommer, Mo – Sa ab 15 Uhr, So und Feiertage ab 12 Uhr

41 Das Café im Fridericianum

Kunst und Kekse im documenta-Museum

Ins Museum geht man nicht primär, um zu essen und zu trinken. Trotzdem kann die Auseinandersetzung mit Kunst Appetit machen – zum Beispiel auf eine Tasse Kaffee und ein Stück Kuchen. Im Fridericianum Kassel, einem der ersten europäischen Museumsbauten überhaupt, das alle fünf Jahre auch Mittelpunkt der Weltkunstschau documenta ist, bietet ein besonderes Café Gelegenheit zur kulinarischen Pause. Die Rotunde im Zentrum des Baus ist Kunstwerk und Café zugleich.

Kerstin Brätsch, eine deutsche Malerin, die in New York lebt, hat dort eine knallbunte Dinosaurier-Welt geschaffen, die nicht nur erwachsenen Museumsbesuchern, sondern auch Kindern gefallen dürfte. Mimikry heißt die Installation; im New Yorker MoMA hat Brätsch das Café mit ähnlichen Sujets gestaltet. Tapeten und Vorhänge mit Motiven aus der Urzeit schmücken das Café, dazu Stühle und Tische aus Stuckmarmor, die wie eine versteinerte Malerei wirken. Man stellt Tassen und Teller auf den farbigen Fossilien ab, Dinos schauen den Besuchern beim Kaffeetrinken und Kuchenessen zu. Angesichts der ihn umgebenden Riesenechsen fühlt sich der Mensch als winziger Teil der Erdgeschichte.

Zum Beispiel bei Kindergeburtstagen, die sich im Museum feiern lassen und durch altersgemäße Führungen und kreative Workshop-Programme in der Studiowerkstatt ergänzt werden können. Egal, ob sich die Kids anschließend im Café für Gebackenes oder Obst- und Gemüsehäppchen entscheiden, der Snack macht den Museumsbesuch zu einem kulinarischen Erlebnis. Kleiner Minuspunkt: Dinosaurier-Kekse wie zur Eröffnung gibt's leider nicht mehr. Dafür warten in der Vitrine Tiramisu-, Birne-Apfel-Zimt- und Mohn-Mandel-Kirsch-Torte sowie Käse- und Apfelkuchen auf große und kleine Esser. Und für Kaffeefreunde ist um Halloween herum ein Herbst-Special im Angebot: Pumpkin Spice Latte aus aufgeschäumter Milch, Espresso, Sahne und Kürbiskuchengewürz.

Adresse Friedrichsplatz 18, 34117 Kassel, Tel. 0561/7072720, www.fridericianum.org | ÖPNV Tram 1, 3, 4, 5, 6, 7, 8, Haltestelle Friedrichsplatz | Öffnungszeiten Di – So und Feiertage 11 – 18 Uhr, Do 11 – 20 Uhr

42 Das Café Siebenbergen

Kuchen und Quiche an der Insel

Wenn der Schrei des Pfaus von der Insel herübergellt, bleibt einem fast der Bissen im Hals stecken. Ja, die bunten Vögel mit den prachtvollen Schwanzfedern sind nicht nur schön anzusehen, sondern auch ausgesprochen laut. Auf der Insel Siebenbergen in der Kasseler Karlsaue wohnen einige dieser Exemplare. Und wenn man vor dem gleichnamigen Café sitzt und auf die Blumeninsel schaut, kann man den übers Wasser schallenden Ruf nicht ignorieren.

2020 baute die Parkverwaltung Hessen Kassel Heritage an prominenter Stelle einen eleganten Pavillon. Die filigrane halbrunde Fassade aus Stahl und Glas gibt den Blick frei auf die geschwungene Brücke, die ins Reich der Blüten und Blätter führt. Im Inneren des Gebäudes kann man nicht nur Eintrittskarten für die Blumeninsel kaufen, sondern auch Getränke, Kuchen und Herzhaftes zu sich nehmen. Gastronom Johannes Reinhold, der auch im Falada in der Grimmwelt Gäste bewirtet, bietet eine kleine, aber feine Speisekarte, auf der das Logo des Pfaus prangt.

Nein, der Pfau ist nicht bei den Menüs aufgeführt, denn hierzulande ist es seit dem Mittelalter aus der Mode geraten, den Hühnervogel zu verzehren. Dafür aber gibt es Grüne Soße mit Bio-Eiern, veganes Gemüsecurry aus dem Wok, Wildkräutersalat mit gratiniertem Ziegenkäse, Cäsar-Salat mit Hähnchenstreifen und eine Quiche Lorraine. Rheinhessische Weine begleiten die Menüs. Und weil sich das Siebenbergen auch als Bar versteht, stehen ausgesuchte Alkoholika von Aperol Spritz über Champagner bis zum regionalen Dry Gin bereit.

Nicht zu vergessen der Kuchen. Denn der nachmittägliche Ausflug auf die Blumeninsel wird gern mit einem Stück Torte gekrönt. Köstliches wartet in der Vitrine: rumhaltiger Don-Papa-Cheesecake, Dänische Rahm-, Mandarine-Schmand-, Schoko-Malheur- und Stachelbeer-Baiser-Torte. Und – hier wird's wieder regional: ein Blech Hessischer Schmandkuchen.

Adresse Auedamm 60 (Karlsaue), 34121 Kassel, Tel. 0561/89099968, www.7bergen.de | ÖPNV Bus 16, Haltestelle Siebenbergen | Öffnungszeiten Sept., Okt. täglich 10–18 Uhr, Nov.–Feb. Sa, So 12–18 Uhr

43 Das Chiringuito

Küche der Kulturen: Tapas mit Weckewerk

Der Geräuschpegel im Chiringuito ist ein untrügliches Zeichen dafür, dass die Tapas-Bar im Vorderen Westen Kassels brummt. Jonas ist hier die sprechende Speisekarte. Der junge Mann schiebt eine rollende Schiefertafel an den Tisch, um die 20 »Tapas des Tages« vorzustellen – was angesichts des Lärms um ihn herum stimmlich eine Herausforderung ist. Denn Jonas liest nicht einfach nur vor, sondern in einem rund siebenminütigen Vortrag kommentiert er unterhaltsam und informativ das Angebot.

Gambas mit Knoblauch? »Die sind schon vorab geschält, Sie können also sofort loslegen mit dem Essen«, hilft Jonas den Gästen bei der Auswahl. In der nächsten Zeile das mediterrane Sepiafilet: »Superzart, gar nicht wie Kaugummi«, preist er den Tintenfisch an, »ist mein persönlicher Favorit, obwohl ich eigentlich gar kein Fischfreund bin.« Dass man die knusprigen Acquadelle fritti mit Kopf und Schwanz essen kann – ein wertvoller Hinweis. »Sind Sie Leberfreunde?«, fragt der Speisekarten-Moderator. »Die Bio-Hähnchenleber holen wir von der Metzgerei Armbröster hier um die Ecke, sie wird mit karamellisierten Zwiebeln und Portwein angebraten und zergeht auf der Zunge.« Klingt lecker. Aber was ist das? Weckewerk auf der Tapas-Karte? »Keine Angst, bei uns ist das nicht zu fettig«, weiß Jonas. »Das kommt von der Fleischerei Hartung in Büchenwerra – und dazu gibt's die obligatorische Gewürzgurke.« Alles klar, es kann bestellt werden.

Chefin Anke Müller steht hinter der Gemüsetheke und freut sich über ihre junge, kommunikativ-talentierte Mannschaft: »Das sind Freunde meines Sohnes, die machen das sehr engagiert!« Die aus Rumänien stammende Gastronomin steht zu ihrer »Küche der Kulturen«, in der sich Tapas-Schälchen mit spanischen Patatas bravas, nordhessischem Weckewerk und rumänischen Kohlrouladen einträchtig auf dem Tisch versammeln, als gehörten sie schon immer zusammen.

Adresse Dörnbergstraße 11, 34119 Kassel, Tel. 0172/8611138, www.chiringuito-kassel.de | **ÖPNV** Tram 4, 8, Haltestelle Bebelplatz | **Öffnungszeiten** Do–Sa 18–23 Uhr

44__Das denkMAHL

Flammkuchen auf Nordhessisch

Die Getränkekarte im Kasseler Restaurant denkMAHL verweist auf das Gründungsjahr 1968. Im Miniaturformat abgedruckt ist die Titelseite der Tageszeitung »HNA« vom Dienstag, den 18. Juni: Das Foto vom Feuerwerk am Herkules steht quasi für das Start-up der Gastronomenfamilie Kovacs. Der Vater begann mit einer Bratwurstbude in der Oberen Königsstraße, richtete Volksfeste aus und gründete als Stammsitz ein Lokal in Sanderhausen. Sohn Sascha schuf Neues, unter anderem 2017 das denkMAHL im Vorderen Westen, das er »Wohnzimmer im Kiez« nannte.

Im gemütlichen Ambiente gibt es hier Klassiker wie Omas Rinderroulade mit herzhaftem Kartoffelstampf, Spareribs vom Dorfmetzger oder das Rumpsteak denkMAHL mit mariniertem Blattspinat. Deftig, aber mit feiner Note, ergänzt zum Beispiel durch vegane Salate mit gerösteten Sonnenblumenkernen.

Auch die weniger opulenten Kleinigkeiten auf der Karte werden gern bestellt. Zumal sie – wie der »Flammkuchen Nordhessisch« – regionale Originalität bieten. Der dünne, knusprige Teigfladen, der aus dem Elsass stammt, wird im denkMAHL auf Wunsch mit Grüner Soße, Ahler Wurscht, Cherrytomaten und Lauch belegt, was eine unaufdringliche regionale Geschmacksnote transportiert. Das Ganze gibt's auch in den Varianten »Sylt« (mit Lachsfilet), »Vegetarisch« (mit karamelisiertem Apfel und Ziegenkäse) und »Original« (mit Speckstreifen und Bergkäse). Egal, für welchen Flammkuchen man sich entscheidet, es handelt sich um eine leichte Mahlzeit mit viel Geschmack, die im Magen noch Platz lässt für eine leckere Nachspeise. Und hier darf es dann noch einmal typisch nordhessisch werden: Das Schmandmousse im Glas, kombiniert mit Butterkeksen und Beerenkompott, ist ein empfehlenswertes, köstliches Dessert.

In der Weihnachtszeit baut Kovacs vorm Restaurant ein »Winter-Wäldchen« auf und knüpft damit an die Familientradition der Bratwurstbuden an: denkMAHL to go.

Adresse Friedrich-Ebert-Straße 98, 34119 Kassel, Tel. 0561/12215, www.denkmahl.com | **ÖPNV** Tram 4, 8, Haltestelle Querallee | **Öffnungszeiten** Mo–Fr ab 9.30 Uhr, Sa ab 16 Uhr, So ab 10 Uhr (Brunch)

45__Dumpling & Steckenpferd

Gute Nachbarn: Kasseler Bier und Fusion-Küche

Im Tier- und Pflanzenreich bezeichnet man mit dem Begriff Symbiose das Zusammenleben von Individuen verschiedener Arten zum gegenseitigen Nutzen – beide gewinnen durch die Beziehung Vorteile. Ein bisschen ist es so auch in der Kasseler Kastenalsgasse mit dem Dumplinghouse und der Braumanufaktur Steckenpferd, die in unmittelbarer Nachbarschaft nebeneinander existieren, aber im Hinblick auf ihre Gäste ganz unterschiedliche Ansätze verfolgen: Die einen wollen satt machen, die anderen den Durst stillen. Manchmal ergänzt sich das in idealer Weise.

Gut gelaunt kommt Johannes Miermeister an den Tisch und erklärt Uneingeweihten, was Dumplings überhaupt sind: gefüllte asiatische Teigtaschen nämlich. Übersetzt aus dem Englischen, klingt es gar nicht mehr so exotisch, in vielen Ländern kennt man in Teig versteckte Füllungen: Maultaschen heißen sie in Deutschland, Ravioli in Italien, Piroggen in Polen. Der weit gereiste Gastronom nennt es »Fusion-Küche« – handgemachter Nudelteig, gedämpft, gebraten und gefüllt mit Rindfleisch, Hühnchen, Käse, Chinakohl und mehr, kombiniert mit Dips. Veganes gibt es mit frischen Shiitake-Pilzen aus Wabern, der Heimat des Chefs. Toll sind auch die Bananen-Nutella-Dumplings mit Eis zum Dessert.

Szenenwechsel. Ein paar Schritte weiter dreht sich alles ums Bier. Frisch gezapft geht es im Schankraum der Braumanufaktur Steckenpferd über die Theke. Die Macher – zwei Ex-Studenten, die in Kassel hängen geblieben sind – sprechen von regionalem Kreativbier. Es gibt verschiedene Sorten: das dezent blumige und sehr süffige »Kellerkind«, das feinherbe »Steckenpferd«, das »Krisen-Konter-Pils«, das extra für die Coronazeit gebraut wurde, und das aromatisch-fruchtige »läuft«. Auch Kleinigkeiten zu essen werden angeboten. Und wenn einen Biertrinker das unstillbare Verlangen nach Dumplings überkommt, werden sie einfach herübergebracht. Von Tür zu Tür – so geht Symbiose.

Adresse Dumplinghouse, Kastenalsgasse 8, 34117 Kassel, Tel. 0561/50342706, www.facebook.com/dumplinghousekassel; Braumanufaktur Steckenpferd, Kastenalsgasse 8, 34117 Kassel, Tel. 0152/55429152, www.braumanufaktur-steckenpferd.de | **ÖPNV** Tram 1, 3, 4, 5, 6, 7, 8, Haltestelle Am Stern | **Öffnungszeiten** Mi–So 17–22 Uhr

46__Das Eberts

Regionalität mit Hauptstadt-Flair

Ein Restaurant mit funktionierender Bedienung ist heutzutage schon die halbe Miete. Zahlreiche Besuche belegen, dass der Service im Eberts stimmt. Auch wenn viel Betrieb herrscht – und das ist sowohl zum Frühstück als auch abends fast immer der Fall –, kann man seine Bestellung schnell aufgeben und bekommt nach kurzer Wartezeit das Gewünschte freundlich an den Platz gebracht. Dabei ist das Eberts alles andere als ein Schnellrestaurant.

Die Kronleuchter, die von der hohen Gründerzeitdecke baumeln, verströmen den Charme der Jahrhundertwende, als man es noch gemütlicher angehen ließ als heute. Viel Holz, Goldglanz und roter Samt innen, draußen auf dem Boulevard bequeme Rattanstühle unter Schirmen. Durchaus ließe sich das Lokal im quirligen Vorderen Westen, das nach dem SPD-Urgestein Friedrich Ebert benannt ist, auch gut in der Hauptstadt vorstellen, wo Historie auf Zeitgeist und Weltläufigkeit trifft. Das Publikum jedenfalls wirkt keinesfalls provinziell, weiß aber Kasseler Kulinarik zu schätzen.

Bestellt man zum Frühstück »Das Regionale«, biegt sich der Tisch alsbald unter Platten und Schüsseln mit Rührei vom Gut Kragenhof, Gehacktem und Ahler Wurscht vom Metzger Schomberg aus Vellmar, hausgemachtem Kräuterquark, Käse aus dem Käseladen, Brötchen vom Bäcker Becker und Vollkornbrot aus dem Brotgarten gegenüber. Der Preis ist akzeptabel, frisch gepresster Orangensaft und Kaffeevariationen kosten extra. Auch ein veganes Frühstück mit verschiedenen Aufstrichen, Obst, Gemüse und Brötchenkorb bekommt man auf Wunsch.

Das Eberts ist vielseitig mit seiner Crêperie, den Bowls, Salaten und Flammkuchen. Aber, das zeigt ein Blick in die Tageskarte, die Ausflüge ins Reich der Veganer und Vegetarier bleiben überschaubar, man bekennt sich durchaus noch zum Fleisch: Steaks, Burger und Ahle Wurscht werden so schnell wahrscheinlich nicht aus dem Küchenprogramm fliegen.

Adresse Friedrich-Ebert-Straße 116, 34119 Kassel, Tel. 0561/7399230, www.eberts-kassel.de | **ÖPNV** Tram 4, 8, Haltestelle Bebelplatz | **Öffnungszeiten** täglich 9–22.30 Uhr

47 Das Falada

Märchenfrühstück in der Grimmwelt

Zu den bekanntesten Märchen der Brüder Grimm zählt der Titel »Tischlein deck dich, Goldesel und Knüppel aus dem Sack«. Wie im Märchen üblich werden in der Story die Guten belohnt und die Bösen bestraft. Unvergesslich aber bleibt die Szene, in der ein Schreinergeselle ein unscheinbares hölzernes Möbelstück geschenkt bekommt, zu dem er nur »Tischlein deck dich« sagen muss – und schon steht es mit den herrlichsten Speisen und Getränken vor ihm.

So ist das im Märchen: Wünsche erfüllen sich, Träume werden wahr – auch kulinarische. Die Ausstellung im Museum Grimmwelt erzählt aus dem Leben von Jacob und Wilhelm Grimm, die als Sprach- und Volkskundler 30 Jahre in Kassel verbrachten. Und nicht nur sie machten sich um das literarische Erbe verdient: Wilhelms Frau Dorothea sammelte Kochrezepte und trug zur Märchensammlung bei. Im Museum ist dazu eine wandfüllende Installation des documenta-Künstlers Antoni Miralda zu sehen: Teller, auf die Dorotheas Rezepte geschrieben sind.

»Tischlein deck dich« heißt es auch ein Stockwerk höher in der Grimmwelt. Dort können sich Museumsbesucher an den gedeckten Tisch setzen und ein Märchenfrühstück im Café Falada genießen. Der Name der Museums-Gastronomie stammt übrigens aus dem Grimm'schen Märchen »Die Gänsemagd«, in dem ein sprechendes Pferd namens Falada vorkommt. Aber das ist eine andere Geschichte.

Auf Kassels Weinberg startet man mit einem wundervollen Panoramablick über die Stadt in den Tag. Regionale Spezialitäten kommen auf den Frühstückstisch: Brötchen, Croissants, Ahle Wurscht, Butter, Bergkäse, Kräuterquark, Marmelade und Honig, den Bienen standortnah am Weinberg gesammelt haben. Das lohnende Pauschalangebot für zwei Personen ist kombiniert mit zwei Eintrittskarten für die Grimmwelt. Gestärkt durch das Märchenfrühstück, das kaum Wünsche offenlässt, kann man im Anschluss die Welt der Brüder Grimm erkunden.

Adresse Weinbergstraße 21, 34117 Kassel, Tel. 0561/81045460, www.faladakassel.com, www.grimmwelt.de | **ÖPNV** Tram 1, 3, 7, Haltestelle Rathaus | **Öffnungszeiten** Di–So 10–18 Uhr, Fr 10–20 Uhr

48 Die Fliegenden Köche

Im Lutherturm schmeckt's nach Heimat

Christoph Brands Traum von einer außergewöhnlichen Location für seine Koch-Events erfüllte sich mit dem Lutherturm. Als er vor einigen Jahren mit seiner Firma »Fliegende Köche« in Kassels höchstes Gebäude einzog, fühlte er sich gleich am richtigen Platz: ein fester Stützpunkt für seine ansonsten sehr mobile und flexible Küche – ein Restaurant, das nur zu bestimmten Anlässen und für angemeldete Gäste öffnet, für Caterings, Kochkurse und Feiern.

Der gebürtige Fritzlarer, der sein Handwerk im »Maritim« in Bad Wildungen gelernt hat, machte sich durch gute Kontakte zur Musikszene einen Namen, was sich in drei »Kochen unplugged«-Büchern niederschlug und für nationale Berühmtheit sorgte. Für viele Künstler hat Brand gekocht, den einen oder anderen überzeugte er auch mit Spezialitäten aus der Heimat – etwa den Frankfurter Rapper Moses Pelham mit der nordhessischen Variante von Grüner Soße.

Das Markenzeichen der Fliegenden Köche ist eine unkonventionelle Küche, die hessisch, asiatisch oder auch mediterran sein kann, »weil das perfekt die nordhessische Schwere erleichtert«, sagt Brand. Er käme zum Beispiel nie auf die Idee, einfach eine Scheibe Ahle Wurst aufs Fingerfood-Büfett zu legen, stattdessen verwendet er ausgelassenes Wurstfett als feinen Geschmacksverstärker für die Sauce hollandaise zum Schweinefilet. Kulinarisches Fingerspitzengefühl zeigt er auch, wenn er Ravioli mit Weckewerk füllt oder Rauchforelle mit Apfel-Meerrettich kombiniert. Es darf nach Heimat schmecken, aber immer nur dezent.

Im Lutherturm mit Kochaltar und Turmzimmer fühlt sich der Promi-Koch inzwischen zu Hause. »Ich bin mit beiden Füßen auf dem Boden geblieben«, betont Brand, der Firmenevents für Hunderte stemmen kann, aber auch überschaubare Geburtstagsfeiern ausrichtet. Sein Credo: »Egal, ob ich für Mark Forster koche oder für Tante Erna: die Qualität muss stimmen.«

Adresse Lutherturm, Lutherplatz 9, 34117 Kassel, Tel. 0561/9885300, www.fliegende-koeche.de | ÖPNV Tram 1, 3, Haltestelle Lutherplatz | Öffnungszeiten nach Vereinbarung

49__Die Forschungskantine

Was hungrige Wissenschaftler im Science Park essen

Die Stulle ist sozusagen die Mutter des Caterings. Was man in der Frühstücksbox als Pausenbrot zur Arbeit, in die Schule, Uni oder auf die Reise mitnimmt, ist eine mobile Speise zur Verpflegung außer Haus. Den treffenden Namen »Stulle & Gut« trägt ein Catering-Unternehmen rund um das Thema Brot, das die Kasseler Produktdesignerin Susanne Wegerich 2011 ins Leben rief. Dazu kam 2016 der Dépanneur-Laden, was im Französischen so viel heißt wie »Pannenhilfe« – eine kleine Bistro-Versorgungsstation am Pferdemarkt, die Dinge des täglichen Bedarfs und Alkohol verkaufte.

Fünf Jahre später fanden diese beiden kulinarischen Wurzeln in der Gründung der Dépa-Forschungskantine im Science Park auf dem Universitäts-Campus zusammen. Ihre öffentliche Kantine nennt Susanne Wegerich auch »Labor für kulinarische Forschung und nachhaltige Alltagsernährung«, was den wissenschaftlichen Anspruch unterstreicht. Denn die Kantinenbetreiberin will ihre Kunden nicht einfach nur satt machen, sondern ihr geht es um Fragen des Konsumverhaltens, der korrekten Ernährung, der bioregionalen Landwirtschaft und um interkulturelle Aspekte des Genusses.

Was zunächst nach einem etwas theorielastigen Ansatz klingt, wird vom Forschungskantinen-Team in der Küche geerdet, denn letztlich erwarten die Kantinenbesucher für ihr Geld etwas Nahrhaftes auf dem Teller.

Ein Blick auf die Wochenkarte zeigt ein breites Spektrum, wobei Vegetarisches überwiegt. Neben der veganen »Soup of the day« für sieben Euro gibt es zum Beispiel montags ein Pilzragout, dienstags Ofengemüse mit geschmortem Lammkotelett, mittwochs Mapo Tofu, donnerstags hausgemachte Käsespätzle mit Salat. Freitags sieht die Küche Überraschungen vor: »Wir wollen noch nachhaltiger arbeiten und entscheiden jeden Freitag tagesaktuell, was wir kochen. So vermeiden wir Reste, und ihr bekommt dafür ein günstigeres Mittagessen!«

Adresse Universitätsplatz 12, 34127 Kassel, www.forschungskantine.de | ÖPNV Tram 1, 5, Haltestelle Holländischer Platz/Universität | Öffnungszeiten Mo–Fr 9–15 Uhr

50__Das Frieda

Mehr Farbe im früheren Sternerestaurant

Farbe verändert vieles. Bilderlose weiße Wände sorgten im früheren Restaurant Voit für eine coole, aber auch fast klinisch-sterile Atmosphäre. Seit Kassels einziges Sternerestaurant Anfang 2022 aus wirtschaftlichen und personellen Gründen den Betrieb einstellte und das Restaurant Frieda neun Monate später die Räume übernahm, dominieren warme Farben: Der Rote Salon mit den hölzernen Tischen und den rosa Polsterstühlen strahlt Geborgenheit aus, der dunkelgrüne Barbereich mit den Baumtapeten versetzt Besucher gleich am Eingang in einen verwunschenen Wald.

Aber es sind natürlich nicht nur die Farben, die ein neues Konzept verkünden. Es geht spürbar lockerer zu im Frieda. »Viele trauten sich hier früher nicht rein«, sagt Mats Martinsohn, der mit seinem Team das Lokal an der Friedrich-Ebert-Straße bespielt.

Was mit dem Ahoi-Imbiss und dem Bistro an der Fulda begann, setzt sich im Vorderen Westen fort: »Wir wollen die ›Stadt Land Fluss‹-Geschichte am neuen Ort weitererzählen.« Mit einem niederschwelligen Angebot zu volksnäheren Preisen will er sein Publikum locken. Gourmet-Sterne strebt die junge Mannschaft nicht an. Trotzdem können der Betriebsleiter und sein Küchenchef Till Retting durchaus auch Voit-Stammgäste im Frieda zufriedenstellen. Und die Küchenmannschaft freut sich über die hochwertige Traumküche, die vom Sternekoch Sven Wolf übernommen wurde.

Was kommt auf den Tisch? Die übersichtliche Karte setzt auf Regionales, die Angebote wechseln wöchentlich. Preislicher Spitzenreiter ist das Falsche Filet vom Highlandrind mit Steckrüben für 23 Euro.

Man kann aber auch den kleinen Hunger stillen und sich für fünf Euro das schmackhafte Brot mit zwei Dips bestellen. Im Herbst sind die Arancini beliebt, frittierte Reisbällchen mit Kürbisfüllung. Der vegane Tofu-Lachs mit Selleriepüree schmeckt sehr fischig, anspruchsvoller ist das sous-vide gegarte Störfilet.

Adresse Friedrich-Ebert-Straße 86, 34119 Kassel, www.slf-kassel.de | ÖPNV Tram 4, 8, Haltestelle Querallee | Öffnungszeiten Mi–Fr 17–23.30 Uhr, Sa 10–23.30 Uhr, So 10–16 Uhr

51 Zum Goldenen Lauch

Der Roggen-Henner und die Blöde Ziege

Mit ihrem Roggen-Henner haben Sven und Petra Siegner Furore gemacht. Nordhessens Antwort auf Pizza und Flammkuchen wurde zum Medienstar. Und fast wäre den Siegners ein richtig großer Coup gelungen. Doch es kam anders. Hier die Geschichte von Anfang an.

Das Gastronomen-Ehepaar eröffnete sein Restaurant Zum Goldenen Lauch in Kassel-Wolfsanger im März 2020, als die Coronapandemie zuschlug und gleich wieder für die Schließung sorgte. Es blieb reichlich Zeit für Experimente: Aus einem übrig gebliebenen Klumpen Vollkornroggen-Sauerteig, Schmand und Goudakäse wurde zu Hause der erste rustikale Fladen gebacken – und siehe da, er schmeckte der Familie überraschend gut. Sie verpasste ihm den Kasseläner Namen »Roggen-Henner«. Im leeren Restaurant entstand eine kleine Manufaktur, der Verkauf startete aus dem Fenster heraus. Schon bald wurden örtliche Supermärkte auf das neue Produkt aufmerksam, und die Brotteig-Pizza landete in entsprechender Verpackung als Tiefkühlware bei Rewe und Edeka.

Ganz groß raus kam der Roggen-Henner unter dem Namen »Blöde Ziege« durch die VOX-TV-Sendung »Die leckerste Idee Deutschlands«, bei der sich die Siegners mit ihrer Erfindung bewarben. Im Wettbewerb landeten sie auf Platz 3 – ein Riesenerfolg. In Erwartung hoher Stückzahlen rüstete der Kasseler Koch seine Manufaktur auf, investierte in einen Tiefkühl-Transporter und anderes mehr. Die bundesweite Vermarktung scheiterte jedoch letztlich an Food-Zertifizierungen, die sich für das handgemachte Produkt als nicht umsetzbar erwiesen.

Und heute? Der Roggen-Henner schmeckt immer noch – nicht mehr aus dem Laden, dafür kann man das Original frisch aus dem Ofen im Restaurant und im Karton »to go« genießen. Inklusive der berühmten »Blöden Ziege« mit Ziegenkäse und Honig gibt es sieben Varianten. Am beliebtesten ist der »Ahle Speziale« mit Ahler Wurscht, Champignons, Zwiebeln und Petersilie.

Adresse Wolfsangerstraße 140, 34125 Kassel, Tel. 0561/875261, www.goldener-lauch.de | **ÖPNV** Tram 7, Haltestelle Kirche Wolfsanger | **Öffnungszeiten** Mo, Do – Sa 17 – 22 Uhr, So und Feiertage 12 – 21 Uhr

52 Der Imbiss Hans-Wurst

Wirbel um die Currywurst Hawaii

Die einen schwärmen vom »Geschmacksorgasmus«, andere wenden sich angewidert ab: Die Currywurst Hawaii ist eine nordhessische Erfindung, die um die Welt geht. Millionen Menschen erfuhren von dem innovativen Kasseler Imbissschlager durch Presse, TV und TikTok. Ist das nun eine geniale Kreation oder das Werk eines Kulturbanausen? Das Geschmackserlebnis spaltet die Nation, ja ganz Europa. Benjamin Becker, Betreiber des Imbisses Hans-Wurst im Kasseler Stadtteil Rothenditmold, wäscht seine Hände in Unschuld: »Ich verkaufe nur, was die Leute verlangen.«

Per Zufall kam er eines Tages auf die Idee, die scharfe rote Soße für seine Original Berliner Currywurst mit Ananas zu mischen. Und das passierte folgendermaßen: Für die Hawaii-Burger, die bei ihm schon immer auf der Karte stehen, benötigte er Ananasscheiben. Doch irgendjemand kaufte die falsche Dose: Ananas in Stücken. Becker erbarmte sich und löffelte die Exotikfrucht persönlich weg. Das war des Süßen zu viel: Der intensive Geschmack im Mund sollte mit Currysoße neutralisiert werden – und siehe da: Der Mix schmeckte! Die Currywurst Hawaii war geboren.

Nachdem die Nachricht von der süßsauren Wurst viral gegangen war, fragten täglich Dutzende seiner Kunden nach der neuen Spezialität. Der Hype hält bis heute an. Becker, der eine Pizza Hawaii nicht verabscheut und auch den Klassiker Hawaii-Toast schätzt, wurde für seine Erfindung gelobt, aber auch geschmäht: Currywurst-Puristen aus NRW erteilten ihm gar ein »Ruhrpott-Verbot«. An der Wand seiner knallroten Imbissbude, die an einer viel befahrenen Bundesstraße steht, kleben diverse Medienbelege von der Currywurst Hawaii und ihrem Erschaffer. Der Kasseler Imbisswirt aber ist schon längst zu neuen Ufern aufgebrochen: Warum nicht eine Sauce hollandaise zur Currywurst? Oder Peperoni? Oder Pommes mit Fleischsalat? Über seine Ideen lässt er online abstimmen … und wartet auf den nächsten Hype.

Adresse Wolfhager Straße 179, 34127 Kassel-Rothenditmold, Tel. 0561/8617383 | **ÖPNV** Bus 10, Haltestelle Engelhardstraße | **Öffnungszeiten** Mo – Sa 10.30 – 20.30 Uhr

53 Der Kochkurs

Einkaufen in der Markthalle fürs Meisterkoch-Menü

Die Gartenmelde ist *die* Entdeckung des Tages. Unscheinbar liegt das zarte Pflänzchen am Gemüsestand vor der Kasseler Markthalle, doch Meisterkoch Günter Haack hat ihr Potenzial sofort erkannt. Das Aschenputtel unter den Blattgemüsen mit aromatischem Biss kommt auf die Liste für das Menü, das Haack heute mit den Teilnehmern seines Kochkurses zubereiten wird. Regional und frisch soll das Essen sein, deshalb werden alle Zutaten zuvor gemeinsam auf dem Wochenmarkt eingekauft.

Die acht Teilnehmer flanieren von Stand zu Stand und probieren ein paar Erbsen, riechen an Pfifferlingen, betasten Aprikosen, begutachten Fisch und Kaninchen. Was lacht einen an? Worauf hat man Lust? Noch ist es ein Rätsel, wie angesichts der großen Vielfalt ein dreigängiges Menü zustande kommen soll. Doch nach der Tour durch die Halle kristallisieren sich erste Ansätze heraus. Beim Kaffee komponiert der Meister mit seinen Lehrlingen dann die einzelnen Gänge, greift Ideen auf, gibt Tipps: Nein, die Rotbarbe hatte eingefallene Augen, ist also nicht mehr frisch – die nehmen wir nicht. Aber den Thunfisch – für ein Carpaccio! Weiße und Rote Bete wären eine tolle Kombination zum Hirschkalbsrücken. Und Schupfnudeln, grinst Haack, die man in seiner badischen Heimat Bubenspitzle nennt, würden gut zum Hauptgang passen. Für den Teig braucht es festkochende Kartoffeln. Und zu guter Letzt: Die Melde nicht vergessen! Sie soll als Salat die Vorspeise bereichern.

Der Kursleiter schreibt Einkaufszettel, die Köche schwärmen aus, mit vollen Tüten trifft man sich später in Haacks Restaurant, dem bankcarrée, wieder. Ein Glas Apfel-Schaumwein und ein Häppchen Ahle Wurscht vorab, dann legen die Teilnehmer in der Profiküche los. Produkte vom Reinhardswald bis zur Schwalm, vom Kellerwald bis zum Eichsfeld liegen bereit, die Rezepte hat der Meisterkoch alle im Kopf. Gegessen wird am Schluss natürlich gemeinsam.

Adresse Günter Haack im bankcarrée, Rudolf-Schwander-Straße 3, 34117 Kassel, Tel. 0561/78931177, www.meisterkoch-haack.de, www.kasseler-markthalle.de | ÖPNV Tram 1, 3, 4, 5, 6, 7, 8, RT 1, RT 4, RT 5, Haltestelle Scheidemannplatz | Öffnungszeiten Do, Fr 7–18 Uhr, Sa 7–14 Uhr; Termine für Kochkurse siehe Website

54 Das Kurbad Jungborn

Alle für einen: Kollektivcafé an der Fulda

In Gourmetrestaurants ist das nicht ungewöhnlich: Es gibt nur ein einziges Menü, man isst nicht à la carte. Der Gast vertraut der Küche und lässt sich quasi blind auf den Genuss einer vordefinierten Menüabfolge ein. Nun ist im Kasseler Kurbad Jungborn sicherlich kein Gourmetrestaurant zu Hause, gleichwohl aber pflegt man im Kollektivcafé an der Fulda diese feine Sitte. Auf der Angebotstafel finden die Gäste ein wöchentlich wechselndes herzhaftes Gericht, oft aus biologischen, regionalen und solidarischen Strukturen. Das kann zum Beispiel so aussehen: »Hummus mit Brot + Schmortomate + Feta«. Guten Appetit!

Das denkmalgeschützte Gebäude an der Drahtbrücke steht auf der Ufermauer der Fulda und war im 19. Jahrhundert Teil des dortigen Flussbades – davon erzählt eine kleine Ausstellung im Inneren. Neben dem Bademuseum hat auch das erwähnte Café Platz gefunden, mit dem die Initiatoren einen Ort »für sozialen Austausch, guten Kaffee und leckeren Kuchen zu fairen Preisen« schaffen wollten. Apropos Kuchen: Der wird von Stephan Roos und seiner Patisserie und Confiserie »Rosige Naschereien« zugeliefert. Es sind originelle Torten, Kuchen und anderes Gebäck aus rein pflanzlichen Rohstoffen, kurz gesagt: meisterliches Handwerk.

Auf der Terrasse und der großen Wiese drum herum geht es leger zu, Zeitungen und Magazine liegen aus – Kommunikation steht im Vordergrund. Auf einer Tafel wird zum Vortrag »Die Kraft ist eine Frau: die feministische Bewegung in Polen« eingeladen. Dass der politische Anspruch über dem kulinarischen steht, macht die Wandparole klar: »Unsere Alternative heißt Solidarität«.

Was das konkret heißt? Das Kaffeekränzchen im Jungborn soll für alle bezahlbar sein. Daher werden Menschen mit mehr Geld in der Tasche aufgefordert, etwas in den Solitopf zu werfen. Wer gerade nicht flüssig ist, kann sich aus dem Topf bedienen und damit bezahlen.

Adresse Sternstraße 20, 34123 Kassel, Tel. 0561/47555960, www.kollektivcafe-kurbad.org; Kontakt zu Kuchenzulieferer Stephan Roos unter www.rosige-naschereien.de | **ÖPNV** Tram 8, Haltestelle Unterneustädter Kirchplatz | **Öffnungszeiten** März–Dez. Do, Fr, Sa, Mo 12–19 Uhr, So 12–18 Uhr

55 Zum Lichtenhainer

Weckewerk oder Pizza

Man muss schon länger suchen, bis man ein Lokal findet, in dem der nordhessische Küchenklassiker Weckewerk – hierzulande ausgesprochen »Weggewerch« – noch auf der Speisekarte steht. Im Gasthaus »Zum Lichtenhainer« am Kasseler Karl-Marx-Platz hält man der Traditionsspeise die Treue. Wie mag das Gericht wohl aussehen? Auf dem Teller liegen drei Kartoffelhälften mit einer rötlich braunen Masse, flankiert von zwei Essiggurken. »Kein Abfall wie früher, das ist frisches Fleisch vom Metzger«, beruhigt die Wirtin, als sie den skeptischen Blick des Gastes sieht.

Kein Wunder, denn dem Weckewerk eilt nicht unbedingt ein guter Ruf voraus: Früher landete alles, was bei einer Hausschlachtung keine unmittelbare Verwendung fand, in der Wurstbrühe: Schweineschwänzchen, Ohren, Pfoten, Schnauze, Schwarte. Durch den Wolf gedreht, mit altbackenen Brötchen (»Wecke«) verlängert und mit Majoran und Thymian gewürzt, sah das Ganze dann am Ende für manchen so aus wie schon einmal gegessen. Aber man sollte sich nicht vom optischen Eindruck täuschen lassen. Geschmacklich ist das Weckewerk, zumal in seiner aktuellen Version ohne Schlachtabfälle, eine deftige Delikatesse. Die Gurken bilden einen säuerlichen Kontrast zum fleischigen Flavour, die Kartoffeln neutralisieren, das Bier dazu erfrischt.

Etwas kurios wirkt in diesem Gasthaus die Kombination nordhessischer Gerichte mit der italienischen Küche, was aber der Herkunft des Betreiberpaars geschuldet ist: Sie stammt aus Italien, er ist Deutscher. Auf dem Preisniveau einer Pizza wird das Weckewerk im Lichtenhainer angeboten. Der Name des Lokals geht übrigens auf ein Bier zurück, das einst in der Nähe von Jena gebraut und in der Kasseler Altstadt ausgeschenkt wurde. Nach der Ausbombung im Krieg zog der Lichtenhainer von dort in eine Wohnung im Vorderen Westen um. Wie im Wohnzimmer sitzt man hier noch heute – je nach Gusto vor Weckewerk oder Pizza.

Adresse Elfbuchenstraße 4, 34119 Kassel, Tel. 0561/5297800, www.lichtenhainer-kassel.de | **ÖPNV** Tram 4, 8, Haltestelle Friedenskirche | **Öffnungszeiten** Di – Sa 17 – 23.30 Uhr

56__Das Mondi

Zehn-Gänge-Menü – lokal und global

Irgendwann müssen die Testesser des Guide Michelin im Mondi gewesen sein. Unbemerkt walteten sie ihres Amtes und verliehen dem Kasseler Restaurant nach dem Genuss des Menüs einen Grünen Stern, der nachhaltiges Engagement in der Gastronomie auszeichnet. Darauf ist das junge Team stolz, bleibt bei aller Experimentierfreude aber bodenständig. »Wir wollen Nachhaltigkeit nicht als Anspruch vor uns hertragen, sondern einfach machen«, sagt Inhaber Pelle Kossmann.

Der Koch stammt aus Nordhessen, hat mit Anfang 30 schon Erfahrungen in vielen Küchen der Welt gesammelt: London, Sydney, Paris, Belgien. Zurück in Kassel setzte er direkt gegenüber seiner alten Schule die eigene Restaurant-Idee um: »Wir sind geprägt von globalen Einflüssen. Unser lokales Umfeld diktiert das Menü.« Das Motto schlägt sich programmatisch auf der Speisekarte nieder. Zum Einheitspreis von derzeit 75 Euro gibt es im Mondi nur ein wöchentlich wechselndes Menü, das aus zehn kleineren und größeren Gängen besteht. Die Zutaten: zu 90 Prozent nordhessisch. Die Geschmacksrichtung: international.

Wichtig ist die Herkunft der Lebensmittel, die lokale Ökonomie soll gestärkt werden. Entscheidend bleiben Qualität und kurze Lieferwege. Zum Beispiel wird der japanische Eierstich Chawanmushi aus Niedensteiner Garnelen gezaubert. Oder das koreanische Kimchi aus Ihringshäuser Rotkohl gewonnen. Asiatische Misosuppe entsteht aus Gerste und Kichererbsen, die auf nordhessischen Äckern wachsen. »Farm to Plate« ist ein Prinzip. Für das Fleisch gilt »Nose to Tail« – alles vom geschlachteten Tier wird in irgendeiner Form verwertet.

Das Essen im Mondi ist kein Volkshochschulkurs, das neunköpfige Team will nicht belehren, sondern im besten Sinne geschmacksbildend wirken. Dabei ist vielen Gästen nicht egal, woher die phantasievollen Köstlichkeiten auf den getöpferten Tellern und Schälchen kommen.

Adresse Wilhelmshöher Allee 34, 34117 Kassel, Tel. 0561/83079318, www.mondi-restaurant.de | ÖPNV Tram 1, 3, Haltestelle Weigelstraße | Öffnungszeiten Di–Sa ab 18 Uhr

57 Die Orangerie

Dämmerschoppen in der Karlsaue

Zum großen Menü trifft man sich nicht in der Orangerie, aber sehr gern auf ein Glas nach Feierabend oder am Wochenende. Der Sundowner auf der Terrasse vor dem leuchtend gelben Schloss in der Karlsaue ist für Kasseler, die es etwas schicker mögen, eine beliebte Übung nach dem Motto »Sehen und gesehen werden«. Bei Bier, Cocktail oder einem Glas Wein beobachtet man die Jogger, die ihre Runden um die große Wiese drehen, sowie die Boulespieler, die ihre Kugeln lässig auf die Sandwege werfen.

Landgraf Karl baute die lang gestreckte Sommer- und Festresidenz Anfang des 18. Jahrhunderts aufs Grün an der Fulda. Hier überwintern die Orangen- und Lorbeerbäume des Parks. Im Planetarium auf dem Dach beobachtete schon Karls Enkel mit Fernrohren den Lauf des Mondes und der Planeten. Kunst zog zur ersten documenta in die Schlossruine ein, später Museen.

Das Gastronomie-Angebot liegt seit einigen Jahren in den Händen der Firma Grischäfer. Wie gesagt, es geht um den gepflegten Dämmerschoppen vor der Orangerie, aber natürlich wird dazu auch gern ein Häppchen gereicht, denn der Hunger kommt beim Trinken. Die kleine Karte bietet Flammkuchen, Kartoffelcremesuppe, Bruschetta, Salat oder eine Ofenkartoffel an, nachmittags Eis, Waffeln und Kuchen.

Üppiger wird es nur zu den Festtagen. Ab Ende November steht die Gans aus dem Ofenrohr auf dem Büfett, ein Weihnachts-Krustenbraten mit Pflaumensoße, Emstaler Wildgulasch, Lachsfilet mit Kräuterkruste und Piroggen mit Kartoffel-Quark-Füllung, dazu die Gemüseklassiker Rot- und Grünkohl. Salate, Räucherfisch, rustikale Wurst- und Schinkenspezialitäten mit Brot und Butter gibt's als Vorspeisen, winterliche Dessert-Variationen schließen das Menü ab. Zu Ostern wiederholt sich das Spiel, wobei alles frühlingshaft leichter daherkommt – dann finden sich zum Beispiel Tafelspitz mit Grüner Soße und Gnocchi in Tomatensoße auf der Karte.

Adresse Auedamm 20b, 34121 Kassel, Tel. 0561/87057550, www.grischaefer.de/orangerie | ÖPNV Bus 16, Haltestelle Orangerie | Öffnungszeiten Mi–Sa 11–17, So 10.30–17 Uhr

58 Die Pfeffermühle

Ein Pfeffersack im Hotel Gude

Wer das Restaurant Pfeffermühle im Untergeschoss des Kasseler Hotels Gude betritt, blickt in Schaufenster mit einer kleinen Pfeffermühlen-Sammlung und erkennt im Vorbeigehen: Küchengeräte zum Zermahlen von Pfefferkörnern gibt es schon recht lange. »Der pfeffer wirt gemacht usz manigerlei specereien«, das Zitat aus dem Deutschen Wörterbuch der Brüder Grimm weist darauf hin, welch kostbares Gut das schärfende Gewürz in früheren Jahrhunderten war. Kurzes Nachdenken: Soll der Gast so auf gepfefferte Preise vorbereitet werden?

Restaurantleiter Miguel Serodiô da Conceição wiegelt ab: »Natürlich haben wir einen Namen in der Stadt. Aber was die Preise angeht: Wir sind hier in Kassel.« Will sagen: Anderswo ist es teurer. Das Schmandschnitzel ist ein volksnaher Klassiker, der Pfeffersack, ein gerolltes Rumpsteak mit Schinken, Pfefferrahm und Speckbohnen, ebenso. Auf Sylt bezahlt man für ein Fischmenü, wie man es bei Gude bekommt, ein Mehrfaches, bestätigen auch Stammgäste des Hauses. Von denen schwören viele auf die gleichbleibend hohe Qualität der Küche. Zum Beispiel am Valentinstag, wenn das traditionelle Fischessen mit neun Gängen Ausgefallenes bietet.

Mit seinem jungen Team will Küchenchef Patrik Michel zeigen, wie Nordhessen heute schmeckt. Dabei setzt er auf regionale Zutaten, etwa bei den Martinsgänsen aus seinem Heimatort Besse. Alternativ bereitet er für preisbewusste Gäste aber auch polnische Hafermastgänse zu. Seine Küche soll ein breites Spektrum abdecken: deutsch, regional und international.

Einen Stern strebt Michel nicht an, wohl aber überraschte und zufriedene Gäste auf den insgesamt über 400 Restaurant- und Bankettstühlen des Hauses. Am Büfett kann auch mal eine Ahle Wurscht liegen, die der aus Portugal stammende Restaurantleiter ausländischen Gästen besonders empfiehlt. Seine Erfahrung: »Wenn sie die erste Scheibe essen, werden sie süchtig.«

Adresse Hotel Gude, Frankfurter Straße 299, 34134 Kassel, Tel. 0561/4805-107, www.hotel-gude.de | **ÖPNV** Tram 5, 6, Haltestelle Dennhäuser Straße | **Öffnungszeiten** Mo–Fr 18–23 Uhr, Sa 12–15 und 18–23 Uhr, So nur 12–15 Uhr

59 Die Pralinenwerkstatt

Kassels Schokoladenseiten

Der Chocolatier Thomas Ernst verpackt seine feinen Schokoladenkreationen in prominente Bildmotive der nordhessischen Metropole: Auf der Vollmilchschokolade prangt die Herkules-Statue, die Zartbitter zeigt den Himmelsstürmer, das Wilhelmshöher Schloss und den Bergpark, und von der Café-Schokolade mit 38 Prozent Kakaogehalt lächelt milde documenta-Gründer Arnold Bode. Eine kleine Kassel-Galerie mit süßem Gehalt, erfunden als Souvenir für Reisende oder auch zum stilvollen Genießen für Einheimische. Kassels Schokoladenseiten eben.

Die handgeschöpfte Schokolade mit Füllung ist nur eine Spezialität aus der Manufaktur von Thomas Ernst. Ansonsten geht es in seinem kleinen Feinkostladen mit der Aufschrift »Pralinenwerkstatt« im Vorderen Westen schwerpunktmäßig um – man ahnt es – Pralinen. Ein Dutzend Sorten – mit und ohne Alkohol, mit Milch und Butter oder vegan – stellt der Chocolatier in der hauseigenen Konditorwerkstatt mit viel Liebe zum Detail her und präsentiert die edlen Häppchen in Vitrinen. Vor einem Vierteljahrhundert stieg der gelernte Koch, der bis dato mehrere Restaurants in Kassel betrieb, aus der Gastronomie aus, um sich der süßen Seite des Lebens zu widmen: Seine Törtchen, Eclairs und Pralinés kann man in der Patisserie mitnehmen oder gleich vor Ort essen und dazu einen leckeren Espresso trinken.

Besonders stolz ist Ernst auf ein Alleinstellungsmerkmal seiner Werkstatt – ein Produkt, das unscheinbar verpackt wie ein Kastenweißbrot im Regal liegt: »Unser Nougat in Bio-Qualität ist weltweit einzigartig.« Wie in der südfranzösischen Nougat-Hauptstadt Montélimar wird die weiße Masse aus Mandeln, Honig, Pistazien und Zucker gemixt – aber eben alles kontrolliert biologisch. Verkauft wird das Nougat aus Kassel bundesweit in rund 50 Läden, wo man es scheibchenweise abschneidet und in kleine kompostierbare Papiertüten verpackt – übrigens ganz ohne Kassel-Bilder.

Adresse Friedrich-Ebert-Straße 85, 34119 Kassel, Tel. 0561/2887311, www.pralinenwerkstatt.de | **ÖPNV** Tram 4, 8, Haltestelle Querallee | **Öffnungszeiten** Di–Fr 13–18.30 Uhr, Sa 10–15 Uhr

60 Der Renthof

Rustikales Fine Dining nicht nur zur documenta

Im Innenhof zwischen Renthof und Alter Brüderkirche, dem ältesten Gebäudeensemble in Kassels Innenstadt, herrscht an diesem sommerlichen Vormittag wunderbare Ruhe. Wie von fern schallt gedämpfte Musik aus den geöffneten Restauranttüren, während ein Kellner geräuscharm die Tische unter den großen Schirmen eindeckt.

2017, als der Renthof nach aufwendiger Sanierung als Hotel und Restaurant gerade eröffnet worden war, ging es hier lebhafter zu. Bundespräsident Walter Steinmeier und sein griechischer Amtskollege wurden zur Eröffnung der documenta 14 zum Essen im Renthof empfangen. Für die prominenten Gäste gab es geräuchertes Forellenfilet aus Fritzlar mit einem kleinen Salat, dann ein Kalbsfilet auf Grüner Soße und schließlich eine Schmandmousse mit Roter Grütze. Die erste große Bewährungsprobe für sein »Rustikales Fine Dining«, wie es der Gastronom und Betreiber Rainer Holzhauer nennt.

Seither spielt das Restaurant maßgeblich mit im kulinarischen Nordhessen-Reigen. Zu Holzhauers Landgasthof Grischäfer in Bad Emstal kam eine Dependance hinzu, die sich bald zum Hauptschiff des Gastro-Unternehmens entwickelte. Mit dem neuen alten Haus sollte den Kasselern und darüber hinaus einem internationalen Kunst-Publikum auf fein angerichteten Teller eine regionale, nachhaltige und frische Küche geboten werden. »Im Renthof geben wir der ländlichen Note des Grischäfer etwas Städtisches«, sagt Holzhauer. Sein Konzept ging auf, nicht nur documenta-Gäste strömten.

Wer im Gastraum sitzt, hat die Köche in der verglasten Küche im Blick. Von dort werden die sorgfältig zubereiteten Speisen an die Tische getragen: als Vorspeise zum Beispiel lecker angemachtes Tatar, dann Kalbsleber, Steak oder Saibling. Selbst gemachte Nudeln und ein größeres Angebot vegetarischer und veganer Gerichte sorgen für ein breites Spektrum Kasseler Köstlichkeiten, die man am schönsten im Innenhof genießt.

Adresse Renthof 3, 34117 Kassel, Tel. 0561/506680, www.renthof-kassel.de | **ÖPNV** Tram 3, 4, 7, Haltestelle Altmarkt, 5 Minuten Fußweg | **Öffnungszeiten** Mo–Sa 17.30–22 Uhr, So 12–14 und 17.30–22 Uhr

61_Das Ristorante Pinocchio

Pizza beim alteingesessenen Italiener

Wann werden Migranten zu Einheimischen? Spätestens in der zweiten Generation sollte sich diese Frage eigentlich erledigt haben. Doch der Pizza haftet unauslöschlich der Ruf an, eine Ausländerin zu sein. Obwohl sie seit Jahrzehnten in Deutschland zu Hause ist, bleibt der Migrationshintergrund Italien präsent. Man geht zum »Italiener« um die Ecke – auch wenn der längst einen deutschen Pass hat. Der Pizza selbst aber blieb eine gewisse Exotik erhalten, dabei ist sie in Nordhessen mindestens so alltäglich wie Ahle Wurscht.

Die erste Pizzeria in Deutschland ging 1952 in Würzburg an den Start. Einer der ersten Pizzabäcker in Kassel war Giordano Turco, der 1972 aus Udine gen Norden reiste, wo sein Schwager das Ristorante Pizzeria Pinocchio eröffnet hatte. Ein Jahr später holte er seine Frau Loreta Benedetti nach – »unsere Hochzeitsreise«. 20 Jahre später übernahm das Ehepaar den gut gehenden Laden im Vorderen Westen.

Nach wiederum zwei Jahrzehnten übergaben sie das Pinocchio ihrem Angestellten Predrag Terzić. Heute macht der 76-jährige Turco nur noch ab und zu Vertretungsdienste im Lokal, bei diesen Gelegenheiten begrüßt er inzwischen die fünfte Gästegeneration.

Terzićs Pinocchio bietet eine umfangreiche Karte mit allen Klassikern von Vitello tonnato bis Involtini, von gegrillter Sepia bis zum Scampispieß. Vor allem aber das volle Pizza-Programm: 18 verschiedene Pizzen lassen sich ordern – della Casa mit Artischocken, Auberginen und Zucchini, Tirolese mit Gorgonzola und Tiroler Speck – in kleiner und normaler Ausführung, immer noch so herrlich knusprig wie vor Jahrzehnten. Das Geheimnis ist der elektrische Pizzaofen, eine unkaputtbare Rarität aus dem Jahr 1974, wie Terzić, gelernter Elektriker aus Montenegro, versichert. Neu: Das Kneipenmobiliar ist einer schicken Design-Einrichtung gewichen, dem prächtigen Jugendstilhaus an der Allee wurde eine neue Turmspitze aufgesetzt.

Adresse Friedrich-Ebert-Straße 96, 34119 Kassel, Tel. 0561/16565, www.ristorante-pinocchio-kassel.de | **ÖPNV** Tram 4, 8, Haltestelle Querallee | **Öffnungszeiten** Mi – Mo 11.30 – 14 und 17.30 – 22.30 Uhr, Fr 17.30 – 22.30 Uhr

62 Roter Kater & Graue Katze

Schmandschnitzel im Ausflugslokal an der Fulda

Die Anlegestelle für den Fuldadampfer ist noch da. Am Hotel und Restaurant Roter Kater & Graue Katze konnten einst Ausflügler auf dem Weg von Kassel nach Hannoversch Münden ihre Flussfahrt unterbrechen, um im Biergarten eine Rast einzulegen, denn die 64 Kilometer lange Hin- und Rückfahrt dauerte fast einen ganzen Tag. Die beliebte Tradition könnte wiederbelebt werden, nachdem die 2023 reparierte Kasseler Schleuse solche Touren wieder in den Bereich des Möglichen gerückt hat.

Das Gros der Ausflügler stellen aber heutzutage die Radfahrer, die zahlreich auf dem Fulda-Radweg R1 unterwegs sind. Auch für sie ist die Gaststätte mit dem lustigen Namen ein attraktiver Haltepunkt. In Alleinlage auf der hessischen Flussseite gelegen, befinden sich die beiden Häuser direkt gegenüber von Spiekershausen am niedersächsischen Ufer. »Graue Katze« nannte man das Gasthaus um 1850, als es an eine kratzbürstige grauhaarige Wirtin verpachtet wurde. Das Lokal daneben trug den Namen »Roter Kater«, weil der Wirt einen langen roten Bart hatte.

Was hat das Restaurant hier und heute zu bieten? »Regional, frisch, saisonal kochen wir«, verspricht Betreiber Alex Jinke. Das Fleisch kommt von der Metzgerei Pflüger aus Wolfhagen, der Fisch von der Fischzucht Dworak aus dem Reinhardswald, das Bier von der Braumanufaktur Steckenpferd aus Kassel. Der hungrige Radler startet mit einer zünftigen Blumenkohlsuppe. Das sehr schmackhafte nordhessische Schmandschnitzel aus regionalem Bio-Schweinefleisch mit separater Soße aus Schmand, Speck, Zwiebeln und Kräutern wird zu angebratenen Jungkartoffeln serviert. Oder lieber ein Forellen-Butterfly-Filet mit duftigem Knoblauch und zerlassener Butter?

Während man es sich schmecken lässt, schleicht etwas unter dem Tisch um die Beine – tatsächlich: ein roter Kater.

Adresse Fuldatalstraße 362–364, 34125 Kassel, Tel. 0561/981550, www.hotel-roter-kater.de | **Anfahrt** von der Stadtgrenze Kassel-Wolfsanger etwa 4 Kilometer Richtung Hann. Münden fahren | **Öffnungszeiten** täglich 6–10, 12–14 und 17–21 Uhr

63__Der Schluckspecht

Welcher Wein zur Ahlen Wurscht?

Welcher Wein passt am besten zur Ahlen Wurscht? Die Frage lässt sich für viele Nordhessen ganz einfach beantworten: Bier. Ganz anderer Meinung ist da Dimitrios Kitsu, Mitinhaber der Kasseler Weinhandlung Schluckspecht. Beim Verkosten des Wurst-Klassikers muss der Rebensaft keineswegs außen vor bleiben, findet der Sommelier. Im Gegenteil, er hat eine Menge Tipps für die ideale Wurst-Wein-Paarung parat.

Zunächst einmal: Ob Rot oder Weiß, ist eigentlich egal, je nach persönlicher Vorliebe kann beides zur Wurst passen. Wichtig ist einerseits, dass der Wein mit der deftigen und fettigen Ahlen Wurscht mithalten kann, andererseits aber nicht zu übermächtig wird. »Er muss wie ein Katalysator wirken und darf den Trinkfluss nicht stören«, sagt der Fachmann und erklärt weiter: »Der Wein muss nach einem Wursthäppchen den Mund reinigen und den Gaumen klar machen für den nächsten Bissen, sonst wird's zu heftig mit der dominanten Wurst – und der Spaß ist schnell vorbei.«

Konkret schlägt Kitsu bei den Rotweinen einen Spätburgunder oder Portugieser vor – angenehm kirschig im Geschmack sollte er sein, geschmeidig und körperreich. Bei Weißweinen rät er zu Riesling, Weiß- oder Grauburgunder, nicht blumig, mit Aromen und vor allen Dingen trocken, aber nicht sauer.

Und wer erfüllt diese Ansprüche am besten? In Zusammenarbeit mit Markus Exner, Projektleiter der Dachmarke GrimmHeimat NordHessen, und den Metzgern vom Förderverein Nordhessische Ahle Wurscht hat der Schluckspecht-Chef das Label »Strackes Tröpfchen« aus der Taufe gehoben. Eine Jury kürte den Weißwein, der von den beiden kleinen nordhessischen Weinbergen der Familie Minkel in Gudensberg-Dissen (Schwalm-Eder-Kreis) stammt, zum Ahle-Wurscht-Wein schlechthin. Der Name wurde bei einem öffentlichen Wettbewerb aus 140 Einsendungen gefunden und spielt auf die Stracke an, eine andere Bezeichnung für die Ahle Wurscht.

Adresse Wilhelmshöher Allee 118, 34119 Kassel, Tel. 0561/12628, www.schluckspecht.de | **ÖPNV** Tram 1, 3, 7, Haltestelle Kirchweg | **Öffnungszeiten** Mo–Do 10–19 Uhr, Fr 9–19 Uhr, Sa 9–18 Uhr

64 Der Stadthonig

Bienen auf dem Staatstheater-Dach

Es sind Millionen Bienen, die für ihn im Einsatz sind und schmackhaften Honig produzieren. Der Imker Victor Hernández wurde deshalb schon »Kassels größter Arbeitgeber« genannt. Aber darüber kann der Chef von »Kasseler Stadthonig«, der als gelernter Journalist den Betrieb nebenberuflich führt, nur amüsiert lachen. Tatsache ist: Der Deutsch-Spanier nennt rund 100 Bienenvölker sein Eigen, die jeweils aus bis zu 80.000 summenden Insekten bestehen. Übers Jahr sorgen diese für eine Ernte von einigen Tonnen süßen Honigs, die Hernández unter verschiedenen Labels verkauft. So gesehen stimmt der Rekordtitel für den Imker also.

Doch der Kasseler Bienenfreund ist alles andere als ein Großkapitalist, sein Interesse gilt in erster Linie dem Erhalt einer gefährdeten Art. Und natürlich der Produktion eines qualitativ hochwertigen Bio-Honigs ohne giftige Rückstände.

Denn genau das ist die Idee seiner 2010 gegründeten Stadtimkerei: Bienen sollen ihren Nektar in Kasseler Parks, Kleingärten und auf Grünstreifen tanken, wo Pestizide verpönt sind, sie also saubere Nahrung vorfinden. Anders als auf dem Land, wo gespritzte Rapsfelder und andere Agrar-Monokulturen dominieren, unter denen die schwarz-gelben Flugtierchen leiden oder sogar daran sterben, bleiben sie in der vermeintlich schmutzigen Großstadt vor diesen Gefahren verschont.

Deshalb stellt Hernández seine Bienenstöcke etwa auf dem Dach des Kasseler Staatstheaters auf, in der Nähe des Hauptfriedhofs oder an anderen Orten in der City, wo seine Tiere im Umkreis von drei Kilometern Baum- und Wildblüten finden. Wo der Honig genau eingesammelt wurde, zeigen später die Glas-Deckel: in der Nordstadt, in Wilhelmshöhe oder im Vorderen Westen – Experten schmecken den Stadtteil angeblich heraus. Und Laboranalysen geben Hernández recht: Aufgrund seiner Reinheit wurde sein Produkt als bester Honig des Landes Hessen ausgezeichnet.

Adresse Kurt-Wolters-Straße 25, 34125 Kassel, Tel. 0561/40701177, www.kassel-stadthonig.de | ÖPNV Tram 7, Haltestelle Katzensprung/Universität | Öffnungszeiten Di 10–13 Uhr, Do 10–19 Uhr

65 Das Stadt Land Fluss

Ahoi-Pommes mit Feuerradkäse

Stadt, Land, Fluss. Stopp! A wie Ahoi-Pommes, B wie Brot mit Dips und C wie Cheesy-Sandwich. In dem Kasseler Bistro direkt am Fuldaufer kann man nordhessische Kulinarik durchbuchstabieren – so wie im beliebten Denkspiel, bei dem gute Geografie-Kenntnisse gefragt sind. Der Name »Stadt Land Fluss« ist Programm, wie sich der übersichtlichen Speisekarte entnehmen lässt. Denn hier erfährt man, dass alles, was von dem jungen, freundlichen Team serviert wird, aus der Heimat und von regionalen Bio-Erzeugern stammt: G wie Gärtnerei Fuldaaue, F wie Fischzucht Dworak, E wie Eschenhof und viele andere nordhessische Betriebe mehr sind aufgelistet.

Auf der kleinen Karte des 2023 als Pop-up gestarteten Bistros, das zu einer dauerhaften Institution wurde, findet sich eine überschaubare Anzahl kleiner, aber feiner Snacks. Darunter auch vegane Köstlichkeiten wie der Große Pflücksalat mit gerösteten Kernen oder Selleriebrust mit Chinakohl, Karotte, Süßkartoffeln und Teriyaki. Der Renner aber sind die weiß-roten Ahoi-Pommes mit Feuerradkäse, der von der Solidarischen Landwirtschaft des Eschenhofs aus Altenhasungen zugeliefert wird und den frittierten Kartoffeln eine pikante Schärfe verleiht. Restaurantleiter Mats Martinsohn weiß um die Beliebtheit seiner Pommes, denn während der letzten documenta ging diese Spezialität im benachbarten Ahoi-Bootsverleih rund 300 Mal pro Tag über die Imbisstheke. Das internationale Kunst-Publikum war begeistert, die Einheimischen auch.

Mittlerweile ist aus dem Pop-up-Laden fast so etwas wie eine Gastronomiekette geworden. Denn unter dem Markennamen »Stadt Land Fluss« firmieren nicht nur das Bistro an der Fulda und im Sommer der Ahoi-Imbiss am Bootsverleih, sondern auch ein ausgewachsenes Restaurant im Stadtteil Vorderer Westen: Das Frieda hat die ehemalige Sterne-Küche Voit übernommen. Hinter den SLF-Aktivitäten steht die Well Lifestyle GmbH des Kasseler Unternehmers Uwe Kleinkauf.

Adresse Christophstraße 18 (an der Walter-Lübcke-Brücke), 34123 Kassel, www.slf-kassel.de | **ÖPNV** Tram 3, 4, 8, Haltestelle Altmarkt/Regierungspräsidium | **Öffnungszeiten** Do, Fr 17–23 Uhr, Sa, So 12–23 Uhr

66 Das Steinerne Schweinchen

Grill-Spezialitäten vom offenen Kamin

In der Gaststube »Kleines Schweinchen« flackert der offene Kamin und verbreitet Wärme, Licht und Behaglichkeit. Vor allen Dingen aber sorgt die heiße Glut dafür, dass das Fleisch für die Grill-Spezialitäten stilecht gegart wird und eine leckere Kruste bekommt – man kann dem Grillmeister bei seiner Arbeit vom Tisch aus zusehen. Das Essen für zwei Personen ist reichlich bemessen und zugegebenermaßen recht fleischlastig: Verschiedene Steaks vom Rind, vom Schwein, vom Hähnchen, Kassels beste Spareribs und zu guter Letzt die knackige Bratwurst kommen in zünftigen Holzschalen auf den Tisch. Dazu allerlei Salate, Soßen, Kräuterbutter, Baguette und eine Portion Pommes. Schlemmen auf Nordhessisch, das süffige Schweinchenbräu macht den Genuss perfekt.

Wir befinden uns im Souterrain des Kasseler Design-Konferenzhotels. Für die gesamte Gastronomie des Traditionshauses mit dem lustigen Namen ist Küchenchef Paul Piechniczek zuständig. In erster Linie verwöhnt er die Gäste im anspruchsvollen Restaurant ein Stockwerk höher mit seinen Kreationen. Vor dem Hotel parken überwiegend Autos mit auswärtigen Kennzeichen – man tagt gern im zentralen Kassel. Hier sieht der junge Koch seine Chance: »Die Welt trifft Nordhessen – ich möchte das umkehren: Nordhessen trifft die Welt.« Heißt: Piechniczek will die nordhessische Küche über die heimischen Grenzen hinaus bekannter machen. Wobei er Regionalität nicht allzu eng fasst. Sein Paderborner Kikok zählt er genauso dazu wie die Wildbratwurst aus der Fürstlichen Wildkammer in Bad Arolsen, den Saibling aus Breitenbach oder das Kotelett vom Durco-Schwein aus Thüringen. Oberstes Prinzip also: Im Steinernen Schweinchen muss die Qualität stimmen, damit alle Gäste im Restaurant, in der Braustube, im Saustall und in der Kaminstube nicht nur satt werden, sondern echt nordhessisch genießen.

Adresse Konrad-Adenauer-Straße 117, 34132 Kassel, Tel. 0561/940480, www.steinernes-schweinchen.de | ÖPNV Bus 51, 52, Haltestelle Kassel Brasselsberg | Öffnungszeiten Mi–Sa ab 18 Uhr, Sa, So auf Anfrage

67 Die Suppenplantage

Mit Sattmacher-Nachschlag

Freitags ist Markttag auf dem Wehlheider Platz – ein buntes Treiben mit vielen Menschen vor Ständen, an denen Gemüse, Obst, Brot, Milchprodukte, Honig, Eier, Fisch und Fleisch verkauft werden. Mittendrin der Kochtopfbrunnen des documenta-Künstlers Heinrich Brummack: Zwei Säulen mit goldenen Birnen ragen in die Höhe, dazwischen steht auf einem runden Steintisch ein überdimensionierter roter Emailtopf, aus dem unablässig Wasser sprudelt.

Das Kunstwerk passt gut zu diesem Platz, vor allem wenn man auf das dahinter liegende Schaufenster der Suppenplantage blickt. Denn auch hier brodelt es tagtäglich in großen Töpfen: Heute kocht dort in der Küche das Ihringshäuser Grünkohlsüppchen vor sich hin, verfeinert mit Kokosmilch und Sesam-Frischkäse-Röllchen. Auf dem Herd im Kessel daneben blubbert die vegane Altenhasunger Kürbissuppe. Auf einer Tafel der »Tipp des Tages«: Rote-Bete-Süppchen oder Steckrübeneintopf. Alles sehr nordhessisch in diesem Suppen-Restaurant, einfallsreich und – biologisch korrekt – immer mit saisonal verfügbaren Zutaten. Die findet Inhaberin Manuela Arndt im Idealfall direkt vor der Ladentür, wo die Gärtnerei Ullrich aus Ihringshausen, einer ihrer Lieferanten, Frisches auf dem Wehlheider Wochenmarkt feilbietet.

Die Idee zu der mittlerweile etablierten Gastronomie-Institution brachte die studierte Betriebswirtin aus Bamberg mit, wo sie ebenfalls ein Suppenlokal hatte. Als gebürtige Kasselerin entdeckte sie die Location im quirligen Vorderen Westen und ist seitdem besonders für die schnelle Mittagspause mit ihren Suppen vor Ort. Basis für die Löffelnahrung ist meist ein Sud aus Lauch, Möhre und Sellerie, dazu dann je nach Rezept Gewürze und Zutaten. Man kann wählen zwischen einer großen Portion mit »Sattmacher-Nachschlag« oder zwei kleinen Suppenschälchen auf Holzbrett, die mit Brot serviert werden und im Doppelpack »Suppenkasper« heißen.

Adresse Wehlheider Platz 3, 34121 Kassel, Tel. 0561/99791263, www.suppenplantage-kassel.de | **ÖPNV** Tram 1, 3, 7, Haltestelle Kirchweg | **Öffnungszeiten** Mo, Di, Do 11–15 Uhr, Mi 11–17 Uhr, Fr 9.30–15 Uhr

68 Das Weissenstein

Bio mit Migrationshintergrund

Drei Freunde und ein Restaurant. Das funktioniert mit klarer Arbeitsteilung so: Stefan Itter, der Bauer, füttert das Schwein im Stall. Martin Theisinger, der Metzger, hängt das Fleisch an den Haken. Und René Müller, der Koch, schmurgelt das Schnitzel in der Pfanne. Seit im Oktober 2016 das Weissenstein als Kassels erstes Bio-Restaurant seine Türen öffnete, hat sich diese Kooperation bewährt – mit dem Ergebnis, dass Restaurantgäste, Kantinenbesucher und Abholer jeden Mittag gesundes Essen auf dem Teller haben.

»Bioregional« nennen sie ihr transparentes Konzept, das bei besonderen Veranstaltungen im kulinarischen Dialog erläutert wird. Dabei kommt ein saisonales Menü auf den Tisch, an dem auch die Erzeuger der Zutaten sitzen und über ihre Arbeit berichten. Aber schon die Fotos an der Restaurantwand zeigen, woher die Produkte stammen: bunte Bentheimer Schweine im Stroh in Kirchberg, Galloway-Rinder auf grünem nordhessischen Gras, quicklebendige Bio-Weihnachtsgänse aus Wülmersen. Und Küchenchef Müller beim Schnippeln von Gemüse. Eine heile Welt des guten Geschmacks.

Im Marktbereich kann man sich mit Bio-Produkten für zu Hause eindecken. Auch möglich: ein schönes Kotelett an der Fleischtheke aussuchen, das anschließend in der Küche zubereitet und am Tisch serviert wird. Ansonsten ordern Mittagsgäste von der täglich wechselnden Karte Salat, Erbseneintopf, Risotto oder Ofengemüse – gegen Aufpreis mit Skrei, Bratwurst, Kotelett oder Hüftsteak. Auch wenn nur geschätzte zehn Prozent der Kunden Vegetarier oder Veganer sind, verlässt etwa die Hälfte aller Gerichte fleischlos die Küche.

Was ist typisch nordhessisch im Weissenstein? Nicht nur die Schwälmer Rübchen, eine fast vergessene alte Gemüsesorte. Manchmal hat »bio« auch Migrationshintergrund: Das orientalische Hummus wird mit Kichererbsen zubereitet, die neuerdings ebenfalls in der Schwalm wachsen.

Adresse Königstor 46, 34117 Kassel, Tel. 0561/84095519, www.weissenstein-kassel.de | ÖPNV Tram 1, 3, Haltestelle Weigelstraße | Öffnungszeiten Di – Sa 11.30 – 14 Uhr, Sa zusätzlich 10 – 11 Uhr (Frühstück)

69 Das Café Jérôme

Französisches im Schloss Wilhelmshöhe

Jérôme heißt das Wilhelmshöher Schlosscafé, und betrieben wird es von der König Lustig GmbH. Beide Namen haben ihren guten Grund. Denn einer der früheren Schlossherren war Jérôme Bonaparte, der jüngste Bruder Napoleons. Der Franzose regierte von 1807 bis 1813 in Kassel, das er zur Hauptstadt seines Königreichs Westphalen gemacht hatte. Von den Nordhessen wurde er als »König Lustik« verspottet. Sie nahmen den leichtlebigen Regenten, dessen deutsche Sprachkenntnisse sich auf den Ausspruch »Morgen wieder lustik« beschränkten, nicht ganz ernst.

An diese Episode der Geschichte also knüpfen die heutigen Cafébetreiber an. Essen und trinken kann man im Untergeschoss des Museums und draußen vor der prächtigen Schlossfassade, hinter der die berühmten Gemälde der Alten Meister hängen. Nebenan im Weißensteinflügel kann man Jérômes französische Hofkultur besichtigen und sich davor oder danach mit Kaffee, Kuchen und Herzhaftem stärken. Auf der Speisekarte geht es weiter mit den Anklängen an die historische Jérôme-Phase: Quiche Lorraine, Chèvre-Salat, Fromage und Elsässer Flammkuchen lassen einen Hauch von Paris durchs Kasseler Schloss wehen. Das Frühstücksbrett »Rembrandt« nimmt Bezug auf die große Kunst des Hauses und bietet Königliches für zwei Personen: Brötchen, Croissants, Schinken, Salami, Schnittkäse, Brie, Ziegenkäse, Lachs, Marmelade, Honig, Butter und Piccolo-Sekt.

Besonders an schönen Wasserspiel-Tagen füllt sich die Terrasse mit Café-Besuchern, die es auf die hausgemachten Torten, Kuchen und frischen Waffeln abgesehen haben. Am Endpunkt des rund zwei Kilometer langen Marsches mit dem talwärts fließenden Wasser schießt die Große Fontäne in die Höhe. Von der Schlossterrasse aus kann man dieses Schauspiel bei einer leckeren Tasse Café au Lait genießen. So mag einst auch Jérôme Bonaparte seine Kaffeepausen auf der Wilhelmshöhe verbracht haben.

Adresse Schlosspark 1, 34131 Kassel, Tel. 0561/51077150, www.cafe-jerome.de | ÖPNV Tram 1, Haltestelle Wilhelmshöhe (Park), 10 Minuten Fußweg | Öffnungszeiten Di–So 10–17 Uhr

70__Das Herbsthäuschen

Obatzda und Weißwürste aus der Waldgaststätte

Auf einem zünftigen Holzbrett wird im Kasseler Herbsthäuschen der cremige Obatzda mit Brezen und frisch gedrehtem Radi serviert. Dazu eine halbe Maß Bier, denn kleine Gläser gibt's auf der Jausenterrasse nicht, schüttelt die Kellnerin energisch den Kopf. Alles absolut stilecht bayerisch, dabei befinden wir uns doch mitten in Nordhessen, rund 500 Kilometer nördlich vom nächsten alpenländischen Biergarten entfernt. Egal, der würzige Käseklassiker schmeckt auch diesseits der Weißwurstgrenze, besonders weil dazu der Ausblick auf eine hügelige Kuhweide optisch in Almregionen entrückt.

Heike Röhl-Elsner, die Chefin des Herbsthäuschens, die sich auch gern mal im Dirndl zeigt, hat ein Stück Bayern in den Kasseler Habichtswald geholt. Davon kann man sich beim Blick auf die Speisekarte überzeugen, wo der kulinarische Ausflug in die Berge mit Frittatensuppe, Weißwürsten, Allgäuer Käsespätzle und einem Alm-Burger fortgesetzt wird. Der hausgebeizte Wildschweinbraten ist dagegen eine lokale Spezialität, denn das Wild wird in den umliegenden Wäldern geschossen. Auch die Ahle Wurscht wird man im Bayerischen vergeblich suchen. Und die Küche kann tatsächlich auch vegan: Der »Veggi-Burger Deluxe« enthält einen Quinoa-Zucchini-Bratling mit Avocado und getrockneten Tomaten in einem Bett aus grünem Blattsalat und Roter Bete.

Seit fast 100 Jahren lockt das einsam am Ziegenkopf gelegene Herbsthäuschen die Kasseler in den Wald. Vom Parkplatz und von der Bushaltestelle aus brauchen Spaziergänger etwa eine Viertelstunde zu dem beliebten Ausflugslokal. Vor allem Wanderer, Skifahrer und Mountainbiker sitzen an den Tischen in der sonnigen Almjause und im Winter drinnen vorm knisternden Kaminfeuer. 2005 brachte eine Feuerkatastrophe fast das Aus. Doch das abgebrannte Herbsthäuschen wurde komplett neu aufgebaut – schöner als je zuvor lädt das Holzgebäude zu allen Jahreszeiten in den Habichtswald.

Adresse Ehlener Straße 17, 34131 Kassel-Bad Wilhelmshöhe, Tel. 0561/38882, www.herbsthaeuschen.de | **ÖPNV** Bus 22, 23, Haltestelle Am Ziegenkopf, 15 Minuten Fußweg | **Öffnungszeiten** Di–So 11–18 Uhr

71 Die Herkules-Terrassen

Eine hessische Bruschetta-Trilogie

Das Auge isst mit. Beim Dinner im Panoramarestaurant Herkules-Terrassen könnte man diesen Satz fast umkehren: Der Gaumen genießt die gute Aussicht mit. Denn angesichts des atemberaubenden Blicks über Kassel steht einem der Mund offen. Es ist die Kombination von toller Fernsicht und leckerem Essen, die diesen Ort so attraktiv macht. Die gastronomische Location in unmittelbarer Nachbarschaft zu Kassels Wahrzeichen liegt auf 500 Meter Höhe und lockt mit Kino-Sitzplätzen vor und hinter den Fensterscheiben. Im Winter schieben sich Wolken spektakulär wie ein Vorhang vor die Stadtsilhouette. Im Sommer illuminieren nach Einbruch der Dämmerung Tausende Lichter die Bühne tief unten im Tal. Der Genießer isst und schweigt.

Doch was kommt auf den Tisch? Im Großen und Ganzen nordhessisch Deftiges. Es geht los mit einem Gruß aus der Küche – einem Mini-Windbeutel im Glas mit einem Gemüseпröbchen von überraschender Schärfe. Dann konzentriert sich die Aufmerksamkeit auf die Vorspeise. Eine »Hessische Bruschetta-Trilogie« wird auf rustikaler Baumscheibe serviert: Creme von der Ederseeforelle, Harzer mit Musik, Ahle Wurscht. Hier kommt zusammen, was regional zusammengehört, auch wenn der Handkäs vielleicht eher im Südhessischen zu verorten ist. Doch geschmacklich ist es ein – wenn auch gewagtes – Spektrum auf geröstetem nordhessischen Bauernbrot: fischig, käsig, wurschtig. Der namensgebende italienische Klassiker, vegetarisch mit Tomaten, lässt augenzwinkernd grüßen.

Als Hauptgericht könnte es dann ein Schweineschnitzel mit hessischer Schmandsoße und Bratkartoffeln sein, Tafelspitz mit Grüner Soße oder Wild aus den heimischen Wäldern gleich hinter dem Bergpark: geschmorte Hirschkeule mit Wirsingkompott oder Wildragout vom Hirsch mit Waldpilzen. Aber auch Fleischloses steht auf der Abendkarte – warum nicht mal die Bergpark-Käseknödel an brauner Butter probieren?

Adresse Schlosspark 26, 34131 Kassel, Tel. 0561/93731910, www.herkules-terrassen.de | **ÖPNV** Tram 4 bis Endhaltestelle Druseltal, von dort Bus 22, 23 bis Haltestelle Kassel Herkules | **Anfahrt** den Hinweisschildern Richtung Herkules folgen, im Navi »Ehlener Straße« eingeben, Parkplatz hinter dem Besucherzentrum Herkules | **Öffnungszeiten** März–Okt. Mo–Sa 11–22 Uhr, So 11–18 Uhr, Nov.–Feb. Mo–Sa 11–21 Uhr, So 11–18 Uhr

72 Die Kaskadenwirtschaft

Genießer-Ausflug in den Bergpark

Heute eine Bratwurst im Freien auf die Hand, morgen ein mehrgängiges Dinner an der festlich gedeckten Tafel. Mal ein schnelles Bier im Vorübergehen, dann ein Glas Champagner unterm Kronleuchter. Die Kaskadenwirtschaft im Bergpark Wilhelmshöhe ist beides: schlichter Imbiss und gehobenes Restaurant zugleich. Wie kann das funktionieren?

Besucher der berühmten Wasserspiele im UNESCO-Welterbe-Bergpark kommen, wenn sie dem Lauf des Wassers vom Herkules aus folgen, fast automatisch zum Traditions-Gasthaus am Kaskadenteich. Ein kurzer Stopp an der Verkaufstheke im Biergarten, dann geht's weiter talwärts zur Teufelsbrücke und zum Aquädukt. Das sind die schnellen Gäste. Die andere Sorte Besucher verbringt halbe Nächte hier oben, wenn sie in der beliebten Hochzeits-Location feiern, exklusiv und hoch über der Stadt – ein Privileg, das früher nur fürstliche Gesellschaften genießen durften. Heutzutage freilich mischen sich durchaus auch mal durchlaufende Jogger und Touristen unter die Feiernden, denn der Zugang zur Wirtschaft wird niemandem verwehrt.

Für die gutbürgerliche nordhessische Küche sorgt die Gastronomie Grischäfer, die übrigens auch Feiern im Gewächshaus neben dem Schloss organisiert. Für Ausflügler ist die erwähnte Hausmacher-Bratwurst Standard im Kaskaden-Biergarten. Salate, Flammkuchen, Schnitzel und Matjesfilet gesellen sich dazu, natürlich auch Eisbecher und frische Waffeln. Opulenter aber ist ein Hochzeitsmenü in dem – je nach Jahreszeit – dunkelrot oder lindgrün gestrichenen Festsaal der Kaskadenwirtschaft. Vier Gänge werden zum Beispiel nach dem Fingerfood serviert: Auf die Hochzeitssuppe mit jahreszeitlichem Gemüse und Eierstich folgen Ziegenkäse-Ravioli in Tomatenschaum mit Zuckerschoten, dann rosa Scheiben vom Rinderrücken mit Rotweinschalotten, Bohnenbündchen und Kartoffelplätzchen. Und zum Dessert Mousse au Chocolat auf Himbeer-Ragout.

Adresse Schlosspark 22, 34131 Kassel, www.kaskaden-wirtschaft.de | **ÖPNV** Tram 1, Haltestelle Wilhelmshöhe (Park); an Wasserspieltagen (Mai–Okt. Mi und So) Bus 23, 23E bis zur Kaskade, Infos unter www.heritage-kassel.de/besuch/wasserspiele | **Anfahrt** Zufahrt durch den autofreien Park nicht gestattet, kostenloser Shuttlebus vom Parkplatz (Wilhelmshöher Allee 380) zur Kaskadenwirtschaft | **Öffnungszeiten** Jan.–März Sa, So 12–17 Uhr, April–Mitte Nov. Mi–So 12–18 Uhr, Mitte Nov.–Ende Dez. Mi–Fr 18–22 Uhr, Sa 12–22 Uhr, So 12–18 Uhr

73 Der königliche Biomarkt

Wie der Öko-Pionier das Fleisch salonfähig machte

Bio-Gemüse – okay. Aber Bio-Fleisch? Als Hans-Georg Greger Ende der 80er mit dem Verkauf von Öko-Lebensmitteln begann, war das gewöhnungsbedürftig. Denn in der Szene gaben schon damals die Vegetarier den Ton an. Fleisch und Wurst zu essen galt unter Müsli- und Körnerfreaks als – na ja – nicht korrekt. Doch Greger ließ sich nicht beirren und eröffnete in seinem Markt eine Fleischtheke, an der es Ahle Wurscht und Koteletts gab, nur eben in Bio-Qualität. Für diese Pioniertat wurde er von den nordhessischen Kunden geliebt, denn dank ihm konnten sie nun auch mit gutem Gewissen in ein Mettbrötchen beißen.

»Gute Lebensbedingungen für die Tiere sind die Voraussetzung für den Fleischverkauf«, sagt Greger, der in Witzenhausen Ökologische Landwirtschaft studiert hat. Dazu muss man wissen, wo die Ware herkommt. Wenn er seinen Kunden zum Mittagessen Weckewerk mit Pellkartoffeln und einer sauren Gurke empfiehlt, dann weiß er, dass das Fleisch aus der hauseigenen Metzgerei Armbröster/Greger in Lohfelden geliefert wird und die Kartoffeln vom Demeter-Eschenhof in Wolfhagen. »Die Gurke muss nicht regional sein, ein Glas Spreewaldgurken tut's auch«, grinst der unideologische Biohändler. Den Markt in Wilhelmshöhe mit rund 5.000 Sortimentsartikeln führt inzwischen seine Tochter, die Kundschaft ist treu und trifft sich hier gern auch zum Schnuddeln.

Als er noch Chef im Vorgängerlädchen namens Schmanddibben war, bekam Greger einst hohen Besuch. Sein Professor Hardy Vogtmann beriet damals den naturinteressierten Prinz Charles in Sachen alternativer Landbau und lud ihn nach Nordhessen ein. 1997 schwebte der heutige König von England mit dem Hubschrauber in Wilhelmshöhe ein und erkundigte sich beim Ladeninhaber nach dessen Vermarktungsstrategien für Ökofood. Das Gespräch dauerte nur kurz. Der Monarch probierte ein Häppchen Vollkornbrot, die Ahle Wurscht verschmähte er hingegen.

Adresse Biomarkt Greger, Wilhelmshöher Allee 275, 34131 Kassel, Tel. 0561/35200, www.biomarktgreger.de | ÖPNV vom ICE-Bahnhof Kassel-Wilhelmshöhe 5 Minuten Fußweg | Öffnungszeiten Mo – Fr 9 – 19 Uhr, Sa 8 – 14 Uhr

74__Das Schlosshotel

Brunch mit Live-Cooking-Station

Der Sonntag ist ein herausgehobener Tag, das Schlosshotel Wilhelmshöhe ein exponierter Ort. Eine gute Idee also für den Schlossbrunch. Unter dem Motto »Vielfalt genießen und geschmackvoll schlemmen« lädt das im UNESCO-Welterbe gelegene Vier-Sterne-Superior-Hotel immer am letzten Tag der Woche zu einem sonntäglichen Mittagserlebnis ein. Im Restaurant, das bis zu 180 Gäste fasst, ist ab 12 Uhr ein großes kalt-warmes Büfett aufgebaut – Frühstück und Mittagessen in einem, nichts anderes bedeutet brunchen schließlich.

Begrüßt werden die Gäste stilvoll mit einem Glas Edelsecco, wahlweise in Weiß oder Rosé. Dann müssen sie sich in der weitläufigen kulinarischen Landschaft erst mal orientieren, bevor die Schlacht am Büfett beginnen kann. Doch keine Angst, es ist von allem genug da, und es geht gesittet zu. Kürbis-Deko und Kastaniensuppe deuten das herbstliche Thema des Büfetts an. Los geht's mit Frühstücksbrötchen, Wurst, Käse, Marmelade, Müsli, Obst- und Gemüsehäppchen. Es folgt eine reichhaltige Auswahl an Vorspeisen und Salaten.

Alles wird verführerisch präsentiert, doch beim Zugreifen muss man die Mengen wohl dosieren, denn weiter hinten warten die Mittagsgerichte. Ein Klassiker: Schweinefilet in Rahmsoße, dazu würzig-nussiger Rosenkohl und Salzkartoffeln. Oder Geflügel: Hähnchenbrust in Rosmarin-Jus, Reis mit Gemüsecurry und cremige Polenta. Oder lieber Fisch? In den Büfettschalen ist Buntbarsch an Dillsoße und Seehecht mit Zitronenbutter angerichtet, dazu bissfestes Kaisergemüse – Blumenkohl, Brokkoli und Möhren. Der Höhepunkt: Jungkoch Salahaddin Moustafa schneidet an der Live-Cooking-Station eine Scheibe vom sonntäglichen Festtagsbraten ab – Rinderrücken, zart und rosa.

Pudding, Kuchen und Eis am Dessertbüfett runden den Brunch ab, der Espresso ist auch noch drin. Zum sonntäglichen Ritual gehört der anschließende Spaziergang im Bergpark gegenüber.

Adresse Schlosspark 8, 34131 Kassel, Tel. 0561/30880, www.schlosshotel-kassel.de | ÖPNV Tram 1, Haltestelle Wilhelmshöhe (Park), 10 Minuten Fußweg | Öffnungszeiten Schlossbrunch So 12–14.30 Uhr

75__Die Waldgaststätte

Das Schnitzel ganz oben

So ein Schnitzel schmeckt eigentlich immer: ein ehrliches Stück Schweinefleisch aus dem Rücken, entweder schlicht paniert nach Wiener Art oder – je nach Gusto – als Jägerschnitzel mit Champignons und Paprikasoße, gern auch überbacken mit Käse. In der Spargelsaison schrumpft der ansonsten tellergroße Fleischlappen zur herzhaften Beilage der edlen weißen Stangen, die die Oberhand behalten sollen. Pure Fleischliebhaber schätzen das hessische Schmandschnitzel mit einer Soße aus ziemlich fetthaltiger Sahne, Speck, Zwiebeln und Kräutern, begleitet von Bratkartoffeln und einem kleinen Salat.

So ein Schnitzel kann man nach einer Wanderung auf Kassels höchsten Punkt besonders genießen: Die Waldgaststätte Hohes Gras liegt oberhalb von Bergpark und Herkules auf 615 Metern und bietet 140 Gästen Platz, auf der Außenterrasse unter dem Aussichtssturm können noch einmal 100 Besucher versorgt werden. Hier bestellt der ausgehungerte Wanderer all die genannten Schnitzel-Variationen. Das Bio-Qualitätsfleisch liefert übrigens Metzger Martin Theisinger aus der benachbarten Naturpark-Gemeinde Habichtswald-Ehlen, dessen Betrieb nach der Devise arbeitet: »Euer Fleisch ist uns nicht Wurscht!«

Die Waldgaststätte ist ein Ausflugslokal mit Tradition. Zuerst war der damals 25 Meter hohe Turm da: Sein Bau wurde 1888 aus Spenden finanziert. Er sollte ein Treffpunkt für Wanderer werden – und ist noch heute im Besitz des Hessisch-Waldeckischen Gebirgsvereins Kassel, der die Gaststätte im Fuß des Turms verpachtet hat. Im Laufe der Jahre wurde die Aussichtsplattform aufgestockt. Aber wenn man heute nach dem Essen den Turm besteigt, sieht man den Wald vor lauter Bäumen nicht, weil das Grün des umliegenden Habichtswalds immer üppiger wird und ständig nachwächst. Und auch die Speisekarte der Waldgaststätte wächst: Neben den Schnitzeln findet man vegetarische Gerichte.

Adresse Hohes Gras 3a, 34131 Kassel, Tel. 0561/32166, www.waldgaststätte-hohes-gras.de | **ÖPNV** Bus 22, Haltestelle Essigberg oder Hohes Gras, 10 Minuten Fußweg | **Anfahrt** von der Ehlener Straße Richtung Kletterwald oder MTB-Park abbiegen | **Öffnungszeiten** Di–So 11–18 Uhr

76__Der Waldladen

Wild auf Wild im Habichtswald

Wo der Bergpark Wilhelmshöhe in den Habichtswald übergeht, steht der Herkules. Hinter der Statue beginnt Richtung Westen eine ausgedehnte Naturparkfläche mit Buchen und Eichen. Von den vielen Wildtieren, die hier leben, landen etliche auf Tellern: Gerichte mit Hirsch, Reh und Wildschwein stehen auf den Speisekarten einschlägiger Restaurants. Wer sich einen Überblick verschaffen möchte, was die Region an Wildbret hergibt, sollte im Waldladen Habichtswald vorbeischauen. Denn hier gibt es das Fleisch von Schwarz-, Rot- und Rehwild in vielen Variationen.

Ein Stück von der Stracken, hier vom Wildschwein, wird über die Ladentheke gereicht und darf probiert werden. Es schmeckt irgendwie anders als die Ahle Wurscht vom Hausschwein, aber auch nicht schlecht. In Gläsern kann man Wildgulasch, Hirsch-Bolognese und Chili con Carne vom Reh kaufen, was zu Hause ein originelles Mittagessen ergibt. Vor Weihnachten verlangen die Kunden Feineres: Rehrücken oder Hirschkeule. Im Sommer werden gern Wildwürstchen und Steaks für den Grill mitgenommen. Das Geschäft brummt, berichtet Metzger Mike Döring, der den Waldladen von Hessen-Forst gepachtet hat. Sogar Vegetarier gönnen sich mit Wildprodukten eine Auszeit vom Fleischverzicht, weiß die Verkäuferin zu erzählen.

In der Jagdsaison liefern rund 70 Jäger Hunderte von erlegten Wildtieren in der ehemaligen Revierförsterei ab. In der Mehrzahl ist es Rehwild, mit bleifreier Munition geschossen. Kontrolle wird großgeschrieben: Die Jäger sind zuständig für die Erstbeschau, vor dem Kühlraum werden die Stücke auf ihren Gesundheitszustand hin begutachtet und gewogen – dabei kommt auch eine 80-Kilo-Wildsau an den Haken. Zum Zerlegen nimmt der Metzger die Ware mit in den heimischen Betrieb nach Altenstädt, wo der Veterinär seinen Stempel draufmacht. Vakuumverpackt wandern Schinken, Wurst und Fleisch dann zurück in den Waldladen zu den Kunden.

Adresse Ehlener Straße 31, 34131 Kassel, Tel. 0561/3102339, www.waldladen-habichtswald.de | ÖPNV Bus 22, Haltestelle Ehlener Kreuz | Anfahrt Richtung Herkules, am Ehlener Kreuz links abbiegen, Laden gegenüber dem Golfplatz Wilhelmshöhe | Öffnungszeiten Di 15 – 17 Uhr, Fr 14 – 17 Uhr, Sa, 10 – 14 Uhr

77 Der Feierabend-Markt

Schlemmen, schnuddeln, einkaufen

Der frühe Vogel fängt den Wurm, heißt es für Markteinkäufer. Wenn die Stände morgens öffnen, ist die Ware frisch und die Auswahl am größten. Für den Feierabend-Markt in Oberkaufungen gelten andere Regeln. Er startet erst um vier Uhr nachmittags und schließt abends um acht. Das Publikum ist um diese Zeit deutlich entspannter unterwegs und schlendert mit einem Glas Wein, Bier oder einer Tasse Kaffee an den Fisch-, Wurst- und Obstbuden entlang, die auf dem Brauplatz in der Dorfmitte einmal im Monat aufgebaut werden. Es geht nicht darum, in Hektik einen Einkaufszettel abzuarbeiten, vielmehr stehen die Leute in Grüppchen herum, haben Zeit, treffen Bekannte und plaudern – oder schnuddeln, wie der Nordhesse sagt.

Hier und da bilden sich dennoch Schlangen, etwa vor dem Stand des Ellershäuser Biobauern Jürgen Reulein. Der brät parallel Bio-Würstchen, backt auf zwei Platten Crêpes, kassiert und scherzt nebenher mit den Kunden. Multitasking ohne Stress. Warum er seine Crêpes Pfannkuchen nennt, erklärt Reulein so: »Da ist nordhessisches Mehl drin, Milch aus dem Upland und Bio-Eier vom Hof, keine französischen Zutaten also.« Da er beim Hessentag keine Standzulassung für seine Crêpière bekommen habe, heißen die hauchdünnen süßen Teigfladen eben Pfannkuchen. Die mit Nuss-Nugat-Creme sind besonders bei Kindern beliebt. Jetzt wird aber erst mal wieder ein knusprig braunes Würstchen ins Brötchen gelegt und mit Senf garniert.

Welche Leckereien locken sonst noch auf den Markt? Der Wein kommt von der »hanglage« in Witzenhausen, das Bier von der Kasseler Brauerei Steckenpferd. In Grimms Naschwerkstatt werden selbst gemachte Bonbons und Lutscher verkauft. Lust auf ein Fischbrötchen? Oder soll es lieber ein hochprozentiger Cocktail sein? Alles da. Im Bioladen Mila O., der am Brauplatz seinen festen Standort hat, gibt es zudem Käse, Brot, Gebäck und viele unverpackte Lebensmittel.

Adresse Am Brauplatz, 34260 Kaufungen; Bratwurststand: Ellershäuser Bauernladen, Jürgen Reulein, Landstraße, 37242 Bad Sooden-Allendorf, www.regionale-entdeckungen-wmk.de | ÖPNV Tram 4, Haltestelle Bahnhof Kaufungen-Oberkaufungen | Öffnungszeiten April – Okt. letzter Do im Monat ab 16 Uhr

78 Die Goldstuben

Edelmetall auf dem Schnitzel

Echtes Gold! Wie andere Salz aus einem Salzstreuer verteilt Ramiz Sabani eine Prise feinen Goldstaub über das Schnitzel. Die goldgelbe Panade bekommt Glitzersternchen. »28 Karat«, lächelt der Chefkoch der Korbacher Goldstuben, »wir kaufen das kiloweise ein.« Wer den aktuellen Kilopreis des Edelmetalls kennt, muss dieser Goldwürzung Respekt zollen. Das wird nicht billig, könnte man vermuten. Auch ein Goldsüppchen oder eine Currywurst mit Goldstaub kann man in dem Restaurant gegenüber dem Rathaus der Hansestadt ordern. Das Rinderfilet gibt es sogar mit Blattgold überzogen. Und wer will, trinkt dazu ein Gläschen Goldsekt.

Gleichwohl halten sich die Preise in der Goldstuben im Rahmen, denn es sind nur Milligramm, die die Speisen verzieren. Ist das überhaupt gesund?

In diesen geringen Mengen sei es unbedenklich, Gold zu essen, versichert der Restaurantchef. Das Gold hat keinen Geschmack und werde durch Magen und Darm einfach wieder ausgeschieden. Nun denn, ohne das im Detail zu überprüfen, wird die goldige Mahlzeit gegessen und verdaut.

In Korbach scheint man auf jeden Fall genug von dem Edelmetall zu haben, denn eine Goldspur führt durch die Altstadt, und im Stadtteil Goldhausen gibt es ein Bergwerk mit Deutschlands größter historischer Goldlagerstätte. In früheren Zeiten holte man es aus dem Eisenberg, aber das lohnt sich schon lange nicht mehr: Die Goldader war nicht ergiebig genug, sodass man den Bergbau schon vor dem Dreißigjährigen Krieg wieder einstellte.

1974 gab es noch mal einen Gold-Hype in der Region: Der britische Schauspieler Roger Moore kam auf der Werbetour für seinen Film »Gold« nach Goldhausen. Er trank vor Ort ein Gold-Pils und trug sich ins Goldene Buch der Stadt Korbach ein. Am Büfett wurde der Star vom Goldflair-Hotelier Ulrich Zabel bedient, dem damals noch jungen Erfinder der Korbacher Goldstaub-Küche.

Adresse Hotel Goldflair am Rathaus, Stechbahn 8, 34497 Korbach, Tel. 05631/50090, www.hotel-goldflair.de/goldstuben | ÖPNV Stadtbus 3, Haltestelle Korbach Prof.-Kümmell-Straße | Öffnungszeiten Mo–Sa 16.30–22 Uhr

79 Das Spezialitätenfestival

Leistungsschau der Genusshandwerker

Die Stimmung in Melsungen ist gut. Während die Musikkapelle mit dem Schlager »Rote Lippen soll man küssen« die Passanten zum Mitsingen animiert, geht das Weckewerk am Stand von Wurst-Wiegand weg wie warme Semmeln. Eine Kelle vom gekochten Schweinefleisch zu Pellkartoffeln und Gurke für sieben Euro, das ist der Publikumsrenner auf dem Spezialitätenfestival »Nordhessen geschmackvoll!«. Fleischermeister Wolfgang Wiegand aus Harle hat nicht nur Weckewerk, sondern sein komplettes Programm mitgebracht: Leber- und Blutwurst, Möhren- und Schwartenwurst, Zungenleber- und die gebratene Kartoffelwurst. Alles darf probiert werden.

Jedes Jahr im Oktober findet der Markt in dem Fachwerkstädtchen an der Fulda statt. Rund ums Rathaus mit den rot gestrichenen Balken sind an diesem Tag 45 Stände aufgebaut, die den Besuchern eine Leistungsschau mit Anspruch bieten, denn es werden keine Kompromisse gemacht. Der Veranstalter-Verein »geschmackvoll« im Verbund mit Slow Food Nordhessen verspricht: »Hier finden Sie keine Produkte mit künstlichen Zusätzen, keine Brote aus Backmischungen und keine Lebensmittel, die mit Reifebeschleunigern hergestellt wurden. Der Spezialitätenmarkt in Melsungen setzt auf authentischen Geschmack und regionale Tradition.«

Okay, was außer Ahler Wurscht und Weckewerk bietet das Festival noch? Der Häppchen-Rundgang startet: Bio-Käse vom Hof Birkengrund der Kommune Niederkaufungen, Ziegenkäse vom Hof Rösbach, Schafskäse von La Petite Bergerie. Kartoffeln und Knoblauch vom Tannenhof in Bebra. Speckkuchen von der Bäckerei Schwarz in Bad Wildungen. Geräucherte Forellen aus dem Knüll, Rhabarbergetränke aus Ludwigsau. Brauhaus-Bier in Strömen, Bratwurst vom Lokalmatador Ross. Florian Fiers aus Ermschwerd erklärt am Stand sein »Buntes Korn«: Urgetreide, Linsen und Goldlein. Und – warum nicht – leckere indische Currys von Indian Dosa aus Melsungen.

Adresse geschmackvoll e. V., Hersfelder Straße 150, 36179 Bebra, Tel. 06622/3211, www.slowfood.de; Wurst Wiegand, Sälzerweg 5, 34590 Wabern-Harle, Tel. 05683/8933, www.dieahlewurscht.de | ÖPNV RB bis Bahnhof Melsungen | Öffnungszeiten 2. Sa im Okt.

80 Der Ahle-Wurscht-Tag

Wo das nordhessische Kulturerbe gefeiert wird

Sie ist von roter Farbe, mürbe im Biss, hat ein intensives Aroma, schmeckt fleischig-kräftig mit Pfeffernoten. Es gibt sie entweder als Stracke, als Dürre Runde oder als Feldkieker. Gemacht wird die Ahle Wurscht traditionell aus schlachtwarmem Schweinefleisch, wobei das Schwein idealerweise ein gut gemästetes Vier-Zentner-Tier sein sollte. Die Gewürze variieren, Geschmacksverstärker sind verboten. Im Naturdarm muss die Wurst zwischen vier Wochen und einem Jahr an der Luft trocknen und reifen, kann aber auch geräuchert werden. Erst dann darf sich der Klassiker »Nordhessische Ahle Wurscht« nennen.

Das Besondere: Die EU-Kommission hat sie 2023 mit dem Schutzsiegel »geschützte geografische Angabe« geadelt. Damit steht die nordhessische Wurst in einer Reihe mit Parmaschinken, Nürnberger Lebkuchen oder Lübecker Marzipan.

Kaufen kann man die Kultwurst bei geprüften Metzgern in den Landkreisen Schwalm-Eder, Kassel, Werra-Meißner und Hersfeld-Rotenburg. Einmal im Jahr aber wird das kulinarische Aushängeschild gefeiert: Beim Ahle-Wurscht-Tag im Kloster Haydau in Altmorschen präsentieren die Mitglieder des Fördervereins unter dem Motto »Minne Ahle« dem Publikum ihre Wurst. Auf dem Gelände schlendert man von Stand zu Stand, kann nicht nur die angeschnittenen Stücke verschiedener Produzenten probieren und vergleichen, sondern auch die dazugehörigen Begleiter wie Brot, Käse oder Bier verschnabulieren. Livemusik sorgt für gute Laune.

Im Seminargebäude wird über die rote Wurst theoretisiert: Der Experte Gerhard Schneider-Rose vom Verein Slow Food Nordhessen weiß viel über die Geschichte von Hausschlachtungen und alles über Geschmack und Textur der Wurst. Ihm darf man auch Fragen stellen: Warum ist gerade Nordhessen eine Wurstregion? Antwort: Weil es hier kalt und feucht ist. Das nämlich sind die optimalen Voraussetzungen zur Reifung der Ahlen Wurscht.

Adresse Kloster Haydau, In der Haydau 2, 34326 Morschen, www.nordhessische-ahle-wurscht.de | ÖPNV RB bis Bahnhof Morschen | Öffnungszeiten jedes Jahr an einem So im März 11 – 17 Uhr

81__Das Kloster Haydau

Kartoffelsuppe statt Veggie-Burger

Gleich drei kulinarische Orte sind am Standort Kloster Haydau in Altmorschen zu finden. Dort, wo die Unternehmerfamilie des Melsunger Medizintechnik-Konzerns B. Braun viel Geld investierte, um die mittelalterliche Klosteranlage zu retten und ein modernes Tagungszentrum zu etablieren, gibt es zwei Restaurants und ein Café. Im modernen Hotel, in der »Poststation Zum alten Forstamt« und im ältesten Teil des ehemaligen Zisterzienserklosters kann man ganz Unterschiedliches erleben.

Beginnen wir mit dem Klostercafé im Südflügel des denkmalgeschützten Baus. In dem Gewölbe ging es von Anfang an ums leibliche Wohl, denn hier waren vor 700 Jahren Klosterküche und Refektorium angesiedelt, in späteren Zeiten Pastetenbäckerei und Vorratskammer. Da passt es gut, dass die heutige Pächterin im historischen Ambiente Kaffee, Torten und Blechkuchen anbietet. Nicht ohne Humor übrigens, denn auf der Vitrine mit der üppigen Konditorware warnt ein Schild: »Kuchenstücke unter 300 Gramm sind Kekse!«

In dem neu gebauten Hotelriegel entlang der Klostermauer kann man komfortabel nächtigen und zeitgemäß speisen. Auf der Mittagskarte steht zum Beispiel ein hipper vegetarischer Haydau-Burger mit Popcorn-Falafel, Tomaten-Salsa, Safran-Limetten-Mayo und Zwiebelringen. Für knapp 20 Euro ein fragwürdiges Genusserlebnis, denn man beißt auf harte Maiskörner und sucht vergeblich nach der Salsa. Eine weitaus bessere Wahl ist die bodenständige Kartoffelcremesuppe mit Ahler Wurst und Pilzen.

Das Restaurant »Poststation Zum alten Forstamt« im Fachwerkhaus schräg gegenüber hat schon viele Nutzungen gesehen und gehört heute zum Gastronomieangebot des Klosters Haydau. Die Küche verspricht »modern und saisonal-regional orientierte« Speisen. Was das konkret heißt? Filet vom Duroc-Schwein, Zander, Maispoularde, Rumpsteak vom heimischen Weiderind und geschmorter Schaufelbraten.

Adresse In der Haydau 2, 34326 Morschen, Tel. 05664/939100, www.hotel-kloster-haydau.de; Klostercafé Haydau, Tel. 05664/331577, www.klosterhaydau.de/kloster/gastronomie | **ÖPNV** RB bis Bahnhof Morschen | **Öffnungszeiten** Klosterrestaurant: täglich 14–22 Uhr; Poststation: Di–Sa 18–22 Uhr; Klostercafé: März–Okt. So 13–18 Uhr

82__Das Café Hasenacker

Tortenstücke im XXL-Format

Wie teilt man einen runden Kuchen? Das ist nicht nur ein Problem für Mathematiker, sondern auch für Café-Inhaberinnen. Normalerweise wird eine Torte in zwölf oder 16 Stücke geschnitten. Darüber kann Silvia Richter vom Café Hasenacker nur müde lächeln. Wenn sie ihre Stachelbeer-Baiser-Kreation zerteilt, kommen gerade mal acht Tortenstücke heraus. Entsprechend üppig dimensioniert ist das, was auf dem Kuchenteller landet und die staunenden Gäste erfreut. Bis zu 18 Zentimeter hoch sind die legendären Hasenacker-Sahne- und Creme-Schnitten aus ihrer Backstube. Und dabei kosten sie deutlich weniger als in den meisten anderen Cafés. Auf dem flachen Land ist eben vieles preiswerter als in der Stadt. Hasenacker, der Name deutet es an, liegt in der Tat dort, wo sich Fuchs und Hase Gute Nacht sagen, zweieinhalb Kilometer außerhalb von Naumburg im Habichtswald – aus urbaner Perspektive also mitten im Nirgendwo.

Als Silvia Richter vor 28 Jahren das Ausflugscafé übernahm, machte sie gar nicht erst den Versuch, an der Größe der Kuchenstücke etwas zu ändern, denn im Hasenacker war das immer schon so, und die Kunden hätten eine Unterschreitung der Normgrenze nicht toleriert. Kleiner macht sie es also nicht. Jedes Wochenende backt sie bis zu 30 Torten – Schoko-Sahne, Schwarzwälder Kirsch, Frankfurter Kranz, Himbeer-Joghurt, Käsesahne, Apfel- oder Käsekuchen – alle kommen im XXL-Format auf den Tisch.

Da die formidablen Kuchenportionen zwar gut schmecken, für manchen Magen aber doch etwas zu viel sein mögen, hält man im Café Hasenacker Linderung bereit: Ein Schnäpschen namens Hasenblut ist gut gegen das Völlegefühl. Und so sitzt man in der gemütlichen Gaststube oder auf hölzernen Gartenbänken zwischen Hasenfiguren aller Art und fragt sich, ob nach einer Verschnaufpause vielleicht nicht doch noch ein bisschen Platz im Bauch ist für eine deftige Brotzeit mit Ahler Wurscht und einem Bier vom Fass.

Adresse Im Rehmbach 1, 34311 Naumburg, Tel. 05625/5210 | ÖPNV Expressbus 55, Haltestelle Naumburg-Mitte, über den Habichtswaldsteig 30 Minuten Fußweg | Öffnungszeiten Di, Fr 11–18 Uhr, Mi, Do 11–19 Uhr, Sa, So 10–22 Uhr

83__Die Landgarnele

Tropische Shrimps aus Hessens Norden

Im Schweinestall der Familie Damm in Wichdorf roch es früher ziemlich streng – wie überall, wo Borstentiere gemästet werden. Landluft eben, wie sie dazugehört. Doch die Zeiten sind vorbei. Einen ganz anderen Geruch verströmt das Innere einer großen Halle, die ebenfalls der Mast dient. Ein bisschen riecht es wie im Schwimmbad, wenn man durch die Tür in das moderne Gebäude schnuppert, in dem viele große Wasserbecken stehen. Seit einigen Jahren betreibt Juniorbauer Sven Damm außerhalb des Hofes eine Aquakultur – will sagen, er mästet Garnelen statt Schweine.

Auf die Idee kam der Landwirt beim Agrarstudium an der Uni Göttingen, wo es auch einen Lehrstuhl für Aquakultur gibt. Er schaute sich viele Fischfarmen, Süß- und Salzwasseranlagen in Deutschland an und blieb schließlich bei den Schalentieren der Gattung »White Tiger« hängen. Denn die Garnele als kulinarische Köstlichkeit mit bissfestem und aromatischem Fleisch liegt im Trend. Normalerweise wird sie aus tropischen Meeren importiert und legt tiefgefroren weite Wege zurück. Ökologisch fragwürdig – zudem brachten zweifelhafte Aufzuchtmethoden in Asien das Produkt in Verruf. Warum also nicht zu Hause in Nordhessen Garnelen in einer geschlossenen Kreislaufanlage aufwachsen lassen? Die »Landgarnele« war geboren, weit weg vom Meer. »Und sie schmeckt besser als Importware«, versichert Damm.

Die Produktion, energiegespeist durch Solarstrom und Biogasanlage, läuft seit 2019: Kleinstlarven wachsen in Vorzuchtbecken heran. In großen Betonbecken tummeln sich viele tausend Garnelen im 30 Grad warmen Salzwasser. Alles ist dem natürlichen Lebensraum nachempfunden, Wasserqualität und Futter müssen stimmen. Nach fünf Monaten werden die 25-Gramm-Tierchen dann abgefischt und frisch oder schockgefrostet an Gastronomie und Handel verkauft. Auch Endkunden kommen auf den Hof und holen sich ihre zuvor bestellte fangfrische Ware ab.

Adresse Damm Aquakultur, Am Eselspfad 3, 34305 Niedenstein, Tel. 05624/920325, www.die-landgarnele.de | Anfahrt Hofladen an der Landstraße zwischen Wichdorf und Metze, rechts in den Eselspfad abbiegen | Öffnungszeiten Hofladen: Fr 16–18 Uhr, Sa 10–12 Uhr

84__Die Von-Brösel-Cookies

Handgemacht im Zeichen des Waschbären

Man möchte nicht immer nur den großen Hunger stillen. Manchmal braucht es auch etwas Kleines für zwischendurch, dachte sich Bäcker Felix Heere und verlegte sich auf das Backen kleinerer Brötchen. Genauer gesagt auf Cookies. Seine exquisiten Von-Brösel-Mini-Cookies produziert er dort, wo früher herzhafte Brotlaibe, Hefebrötchen und Kuchen im großen Stil aus dem Ofen kamen. Vom Grundversorger wurde Heere zum Süßwaren-Spezialisten, aus der Backstube im heimischen Niestetal-Heiligenrode ist eine Keks-Werkstatt geworden.

Nachdem die Dorfbäckerei in wirtschaftliche Schieflage geraten war, besann sich der Juniorchef auf seine eigentliche Leidenschaft – das Plätzchenbacken hatte ihn schon immer interessiert. Aus der Not wurde eine Tugend: In der heimischen Küche wurde viel experimentiert, bis die Cookies-Idee marktreif war. »Wie die typischen New Yorker Cookies sollten sie sein«, sagt Felix Heere. »Voluminös, außen knusprig und innen saftig.« Industriell gefertigte Kekse empfindet er gegenüber den Produkten aus der eigenen Manufaktur als staubtrocken.

Besonders wichtig sind ihm handwerkliche Herstellung und Qualität. Als Zutaten für den Teig kommen nur feines Dinkelmehl, gute Butter, Bourbonvanille und edle Zartbitterschokolade zum Einsatz, selbstverständlich ohne Palmöl und ohne künstliche Zusatzstoffe. Dann geht's ans Teigkneten: »Maschinen können das nicht, Handgefühl ist gefragt«, sagt der gelernte Bäcker. Ebenfalls von Hand werden fünf Sorten in Tüten abgepackt: Schoko, Apfel-Mandel, Haselnuss-Nugat, Cranberry-Cheesecake und die Birthday-Cookies mit bunten Streuseln.

Um den Anspruch auf Regionalität zu untermauern, prangt – quasi als Kasseler Wappentier – auf allen Tüten ein Waschbär im feinen Zwirn. Ob das verfressene putzige Raubtier die Von-Brösel-Cookies seinerseits zur Lieblingsmarke erkoren hat, ist freilich nicht belegt.

Adresse Bäckerei Heere, Dorfstraße 19, 34266 Niestetal-Heiligenrode, Tel. 0561/522805, www.von-broesel.de | ÖPNV Bus 30, Haltestelle Niestetal-Heiligenrode Wicher Straße | Öffnungszeiten Verkaufsstellen siehe Website

85_Zum Niestetal

Gänse zum Martinstag

Zu St. Martin am 11. November gibt es nicht nur in Nordhessen Gänsebraten. Der Legende nach geht diese Tradition auf Martin von Tours zurück, der 371 zum Bischof ernannt werden sollte, doch das hohe Amt nicht annehmen wollte und sich in einem Gänsestall versteckte. Da das Federvieh aber laut schnatterte und Martin verriet, fand die Weihe trotzdem statt. Nicht ganz schlüssig an dieser Story ist, warum man die Gänse zum Dank schlachtete. Plausibler ist ein anderer Hintergrund: Am Martinstag mussten die Bauern Abgaben und Steuern zahlen, oftmals in Naturalien. Und weil am Martinstag die vorweihnachtliche Fastenzeit begann, war dies ein willkommener Anlass für einen Gänsebraten.

Bei Stefan Wambach in Niestetal startet die Gänsesaison schon Mitte Oktober mit dem traditionellen »Angansen«. Warum so früh? Die vielen Anfragen von Gruppen und Einzelessern könnte sein Team sonst am Jahresende zwischen Martinstag und Weihnachten gar nicht bewältigen. Schon im Spätherbst sitzen abends teilweise über 100 Personen in seinen großen Sälen und im Restaurant, um sich im Kreis von Freunden über das leckere Knuspergeflügel, das im Steinbackofen über mehrere Stunden zubereitet wird, herzumachen.

Die Gäste bekommen zu Gänsebrust oder Gänsekeule Apfelrotkraut, Grünkohl, Kartoffelkloß und Soße. Die Füllung besteht aus Äpfeln, Zwiebeln und – das ist Wambachs Trick – einem alten Brötchen, das sich mit dem überschüssigen Fett vollsaugt und nach dem Braten entfernt wird. Mit einem Rinderkraftsüppchen und einer Portion von Omas Feldsalat wird das üppige Menü komplett.

Wählen kann man beim Niestetaler zwischen der polnischen Hafermastgans und der heimischen Freilaufgans, die etwa ein Drittel teurer ist. Letztere stammt vom Berneburger Geflügelhof in Sontra, wo rund 1.000 Gänse bis zum Martinstag ein bewegtes Leben in freier Natur führen, was für gute Fleischqualität sorgt.

Adresse Niestetalstraße 16, 34266 Niestetal, Tel. 0561/952260, www.landhotel-niestetal.de | **ÖPNV** Bus 30, 31, 32, Haltestelle Niestetal-Heiligenrode Rathenaustraße | **Öffnungszeiten** Di–Sa 11–23 Uhr, So 7–21 Uhr

86 Der Teichhof

Frau Holle und die Mohnbratwurst

Zwei Dörfer im Werra-Meißner-Kreis verfärben sich im Frühsommer rot und pink: Wenn in Germerode und in Grandenborn die Klatschmohnfelder blühen, ist das nicht nur schön anzusehen, sondern es kommt auch etwas für den guten Geschmack dabei heraus. Auf 50 Hektar Ackerfläche, so groß wie 70 Fußballfelder, bauen Landwirte im Geo-Naturpark Frau-Holle-Land Mohn an und beleben damit eine uralte Tradition. Die ölhaltigen und angenehm nussigen Samen des Blaumohns werden typischerweise für Süßspeisen und Gebäck verwendet. Aber auch in anderen Lebensmitteln tauchen die kleinen grauen Körnchen auf.

Mohnbratwurst verkauft zum Beispiel Metzgermeister Edgar Linhose auf dem Teichhof in Grandenborn. Damit nicht genug: Mohn wird in Bandnudeln verarbeitet, in Öl, Pesto, Senf, Eierlikör und natürlich im Kuchen. Auch Mohn-Honig gibt es. Die Produktpalette, die Familie Linhose in ihrem Hofladen anbietet, wird unter der Marke »Holles Schaf« vermarktet. Es geht nicht nur ums Genießen, sondern auch um den Naturschutz, denn Bauern, Schäfereien und Imkereien wollen mit dem Mohnanbau einen Beitrag zur Landschaftspflege in ihrer hessischen Heimat leisten.

Linhose hat sich auch schon an Ahler Wurscht mit Mohn versucht, aber lieber bleibt er bei der Original-Rezeptur für die nordhessische Spezialität und beschränkt sich auf traditionelle Gewürze und die besonders lange Reifung mit guter Pflege seiner Stracken und Runden. Im Teichhof-Restaurant, wo Sohn Tim kocht, bekommt man Klassiker wie Sülze auf geröstetem Sauerteigbrot mit Schmandsoße oder Brotzeitplatten mit Schinken und Roter Wurst. Aber auch Gerichte »us Dippen un Pfannen« wie Schmandschnitzel, Lammrücken und Rumpsteak, eine Gemüsepfanne mit Kürbis, Kartoffeln, Zucchini, Paprika, Tomate und gebratenem Ziegenkäse oder Salat mit Himbeer-Mohn-Dressing. »Ver Kinner hamm meh au was«, verspricht die Karte, nämlich Frau-Holle-Spätzle mit Rahmsoße.

Adresse Am Teich 5, 37296 Ringgau-Grandenborn, Tel. 05659/810, www.derteichhof.de, www.holles-schaf.de | **ÖPNV** Bus 240, Haltestelle Ringgau-Grandenborn | **Öffnungszeiten** Hofladen: Di–So 10–18 Uhr; Restaurant: Di–So 11–21 Uhr

87 Die Biermanufaktur

Waldhessische Braukunst erleben

Wenn Braumeister Ralf Kramer über das Bier als solches ins Schwärmen gerät, klingt das auf seiner Internetseite so: »Bier war, ist und bleibt untrennbar mit unserer menschlichen Kultur verwoben. Es war zu allen Zeiten voller Magie. Ein Lebensmittel, Zahlungsmittel, Rauschmittel und wichtig für das soziale Leben zu allen Zeiten unserer Menschheitsgeschichte. In ihm wohnte Göttliches, Bier war Nahrung, Trank und Sakrament.«

Der Brauer aus Rotenburg an der Fulda versteht sich aber nicht nur auf Prosa, sondern er kann auch richtig gutes Bier machen. »Schäumendes Glück« nennt Kramer seine Biersorten, die in der Braumanufaktur am Schlosspark das ganze Jahr über frisch vom Fass zu haben sind – unfiltriert, aromatisch und regional. Man sitzt im »Schalander« genannten gemütlichen Schankraum oder bei schönem Wetter draußen im Biergarten. Wenn die Bedienung die Bestellung aufnimmt, muss man sich nur noch für eine Sorte entscheiden: Im Wesentlichen sind das Rotenburger Hell, Dunkel oder Weizen. Oder man bestellt gleich alle drei auf einmal, damit es nicht ausartet in 0,1-Liter-Probiergläsern. Hübsch arrangiert auf einem Holzbrett kommt das Dreier-Gedeck auf den Tisch: ein Gläschen Rotenburger Helles, spritzig und mit feinem Hopfenaroma, ein Gläschen Dunkles mit Karamell- und Kaffeearomen sowie leichter Vanillenote und zu guter Letzt das bernsteinfarbene Weizen, obergärig und fruchtig im Geschmack.

Selbstverständlich gibt es als Grundlage zum Bier auch warme Speisen. Zum Beispiel den herzhaften hausgemachten Kartoffelkuchen mit Kräuterquark und Salat. Zu verschiedenen Schnitzeln gesellt sich die gebrühte Curry-Kochwurst mit hausgemachter Spezialsoße oder eine deftige Portion Bratkartoffeln mit Speck und Zwiebeln. Auch Veganes ist im Angebot: fruchtiger, warmer Quinoasalat mit Gemüsebrunoise, Kürbis, Sonnenblumenkernen, Rote-Bete-Ecken und Balsamicocreme.

Adresse Obertor 7, 36199 Rotenburg an der Fulda, Tel. 06623/9141220, www.bier-rotenburg.de | **ÖPNV** RB 5 (Cantus) bis Bahnhof Rotenburg/Fulda, 10 Minuten Fußweg | **Öffnungszeiten** Mi–Sa ab 15 Uhr, So ab 11 Uhr

88__Der Apfel-Schaumwein

Die edle Seite des Boskop

Es perlt im Glas, wenn aus einer frisch entkorkten Flasche eingeschenkt wird. Eigentlich müsste man dieses feine Tröpfchen »Apfelchampagner« nennen, aber das darf man nicht, denn ein altes Gesetz schützt die Bezeichnung. Ausschließlich ein Schaumwein aus der französischen Region Champagne darf den illustren Namen tragen. Dann eben Sekt oder Schaumwein! Was der Nordhesse Joachim Döhne aus seinen Äpfeln macht, ist im Herstellungsverfahren durchaus mit der Flaschengärung des Champagners vergleichbar. Und das Geschmacksergebnis kann sich international sehen lassen. Der Apfel-Schaumwein sei »nuancenreich im Duft und erinnert mit seiner herben Eleganz an guten Champagner«, urteilte der britische Weinkritiker Stuart Pigott.

Boskop-Äpfel und andere alte Sorten von den Ostwiesen rund um Breitenbach sorgen für das typische Säure-Aroma – rund 600 Bäume liefern die Früchte, die nach der Ernte gepresst werden. Die erste Gärung des Safts findet in großen Edelstahltanks im umgebauten Stall von Döhnes Bauernhof statt. »Das sind Geräte wie in einer Molkerei«, so der Landwirt, »ich setze sie nur anders ein.« Angeregt durch einen Großonkel aus dem Waldecker Land, begann er 1996 mit 300 Flaschen pro Jahr, heute kommen aus der Kellerei rund 30.000 Flaschen – die meisten als Cuvée, auch sortenreiner Apfelsekt ist im Angebot.

Bis es aber so weit ist, muss ein aufwendiger Prozess durchlaufen werden, der zwei bis drei Jahre dauern kann. In dickwandigen Flaschen liegt der Wein »auf der Hefe«, danach werden die einzelnen Flaschen »auf dem Pult gerüttelt« und dazu nach einem minutiösen Plan 21 Mal in die Hand genommen, ein Kreidestrich markiert die Lage. Am Schluss wird »degorgiert«, so nennt man den maschinellen Vorgang, bei dem das Hefedepot entfernt wird. Verkorkt und mit dem vom Schauenburger Künstler Ali Schindehütte entworfenen Etikett ist die Flasche dann ein nordhessisches Unikat.

Adresse Brennerei und Sektmanufaktur Döhne, Hauptstraße 31, 34270 Schauenburg-Breitenbach, Tel. 05601/4486, www.kellerei-doehne.com | **ÖPNV** Bus 52, Haltestelle Breitenbach Querstraße | **Öffnungszeiten** nach Vereinbarung

89 Das Landgasthaus Kraft

Nordhessisch kochen in siebter Generation

Es sieht alles nach althergebrachter Tradition aus: das denkmalgeschützte Fachwerkhaus, ein schmiedeeisernes Schild, die Gaststube mit massiver Holzmöblierung. Das Gasthaus Kraft ist seit sieben Generationen in Familienbesitz. Essen und Trinken auf dem Land – alles, wie man's kennt?

Bis hierhin schon, aber dann bringt der Teller Überraschungen an den Tisch. Denn plötzlich schwindet die Schwere der Ackerscholle, es wird lässig-leicht. Zweierlei vom Schwein, Filet und geschmortes Bäckchen, dazu Spitzkohl, Kartoffelpüree und Zwiebeln. Bewährte Zutaten aus der Region zwar, aber als moderne kulinarische Komposition präsentiert, erfrischend bunt in der Optik, wunderbar anregend im Geschmack.

Seit die Brüder Tim und Meik Kraft das Gasthaus ihrer Vorfahren im heimischen Breitenbach übernommen haben, ist der gastronomische Betrieb zwar familiär geblieben, aber in der Küche hat sich einiges geändert. Die beiden Junioren setzen auf eine abgespeckte Kulinarik, was sich schon in der Speisekarte ausdrückt, die für gewöhnlich nicht mehr als eine Seite umfasst. Mit den regionalen und saisonalen Zutaten gehen die Krafts phantasievoll und handwerklich korrekt um, weil sie beweisen wollen, dass Nordhessen schmeckt – auch den zahlreichen Gästen aus der nahen Großstadt, die hier Tische reservieren, weil sie die Auszeichnung als »Slow-Food-Restaurant« zu schätzen wissen.

Der Verzicht auf lange Lieferwege kommt gut an, bedeutet für die Köche aber auch arbeitsreiche Planung und fleißige Kommunikation, damit Regionalität nicht ein leeres Versprechen bleibt. Wo gibt es gerade gute Qualität? Zumeist in den umliegenden Dörfern: Fleisch von den Highland-Rindern des Bauern Kreuder, Flusskrebse von der Fischzucht Gaugel, Maispoularde vom Emstaler Freilandhuhn. Irgendwas geht immer. Wenn Erzeuger und Verarbeiter miteinander reden, funktioniert das Netzwerk auf dem Land.

Adresse Hauptstraße 38, 34270 Schauenburg-Breitenbach, Tel. 05601/93180, www.hotel-gasthaus-kraft.de | ÖPNV Bus 52, Haltestelle Breitenbach Querstraße | Öffnungszeiten Mi–So ab 17 Uhr

90__Zum Schwälmer

Himmel und Erde – mit Blutwurst und Chicken-Curry

Das Ziegenhainer Gasthaus »Zum Schwälmer« hält die Küchentradition der Region hoch: Himmel und Erde nach Schwälmer Art mit Püree, Apfelmus und Blutwurst ist eine der nordhessischen Spezialitäten, die man hier noch, ohne lange nachfragen zu müssen, auf der Speisekarte findet. Auf dem Land weiß man offensichtlich, dass die Äpfel, die hoch am Baum in den Himmel wachsen, und die Kartoffeln aus der Erde ein schmackhaftes Gericht ergeben, besonders in Kombination mit gebackener Blutwurst und Zwiebeln.

Stutzig wird man, wenn in der Rubrik »Was der Küchenchef gerne isst« unter dem »Schwälmer Teller« mit Hähnchenfleisch und gebratenem Gemüse ein Chicken-Curry mit Basmatireis und Salat auftaucht. Wurde die kulinarische Weltläufigkeit der Schwalm bislang unterschätzt? Des Rätsels Lösung heißt Jaspal Singh: Der Ziegenhainer Gastronom stammt aus Indien, widmet sich als Koch aber hingebungsvoll den deftigen bodenständigen nordhessischen Genüssen, wobei er sich mitunter kleine Ausflüge in die heimische Curry-Küche erlaubt, was bei den Gästen durchaus Anklang findet, wie er sagt.

Gemeinsam mit Frau und Kindern kam der nordindische Sikh 2022 nach Ziegenhain, nachdem er zuvor im Alt-Oberurseler Brauhaus bayerische Wurst- und Schmankerlgerichte gekocht hatte. »Ich kenne die deutsche Küche ziemlich gut, Bayern und die Schwalm sind ähnlich«, behauptet Singh und führt zum Beweis den »Kloß mit Soß« an, den man bei ihm für zwei Euro bestellen kann und der auch im südhessischen Brauhaus auf der Karte steht. Aus Oberursel hat der Koch die nette Sitte des »meinfeierabend«-Angebots importiert. An Werktagen zwischen 17 und 19 Uhr gibt es zum Beispiel eine Schwälmer Pfanne mit Blut- und Leberwurst, angerösteten Zwiebeln und Bratkartoffeln und dazu ein kleines Bier zum Sonderpreis. Nicht teurer ist aber auch ein Schwälmer Tandoori-Salat mit Hähnchenfleisch aus der Ziegenhainer Fusion-Küche.

Adresse Wiederholdstraße 4, 34613 Schwalmstadt-Ziegenhain, Tel. 06691/9271625, www.gasthaus-zum-schwaelmer.metro.rest | **ÖPNV** Bus 490, X39, Haltestelle Schwalmstadt-Ziegenhain Wiederholdstraße | **Öffnungszeiten** täglich 11–23 Uhr

91__Der Ratskeller

Keine Pinzettenküche

Umgeben von mittelalterlichen Fachwerkhäusern, sticht das Spangenberger Rathaus auf dem Marktplatz hervor: Das dreigeschossige steinerne Gebäude erhielt im 19. Jahrhundert sein heutiges Aussehen. Während die Stadtverwaltung mitsamt Bürgermeister in den oberen Stockwerken residiert, geht man zum Essen ebenerdig in den Ratskeller. Dort bietet Michael Propf in seiner regionalen, frischen Küche zum Beispiel das »Bürgermeisterstück« an – ein besonders zartes und saftiges Stück Fleisch vom Rind, das früher wichtigen Persönlichkeiten vorbehalten war, heute aber von jedermann geordert werden kann.

»Wir sind gehoben, aber nicht abgehoben«, stuft der gelernte Koch und Restaurantfachmann das eigene gastronomische Angebot ein. Seit 2016, ein Jahr nachdem er das Restaurant übernommen hat, wird der Ratskeller im Slow-Food-Genussführer gelistet, denn Propf verzichtet auf Geschmacksverstärker und Convenience und setzt auf regionale Bezugsquellen. Jede Woche kauft er persönlich bei Produzenten in der Gegend ein – sein Netzwerk spinnt er weit. Da ist der Berneburger Geflügelhof, wo die Sontraer Freilandgans herkommt, die die Gänseleber-Praline liefert. Frischen Salat und Gemüse holt Propf vom Nüsschenhof in Felsberg-Helmshausen. Wagners Biohof aus Landefeld steuert das Rindfleisch bei, der Fisch kommt aus Fritzlar. Und das Zweitnutzungshuhn, das Eier legt und Fleisch ansetzt, lebt bis zur Schlachtung auf dem Geflügelhof Häde in Alheim-Heinebach.

Die Küche verwandelt all diese Produkte in ansprechende Teller-Portionen. Das Duett vom Kalb mit Filet im Iberico-Speckmantel, Sauerbraten, Wickel und Wirsing-Ragout lassen sicherlich niemanden hungrig zurück. »Wir sind keine Pinzettenküche«, sagt Propf, aber auf die Optik wird gleichwohl viel Wert gelegt. Das gilt besonders fürs Dessert, das mit Variationen aus Sorbet, Mousse und Gebäck die Qual der Wahl erleichtert.

Adresse Marktplatz 1, 34286 Spangenberg, Tel. 05663/9386580, www.mueller-propf.de/Restaurant | **ÖPNV** Bus 400, Haltestelle Spangenberg Hospital | **Öffnungszeiten** Do–Sa ab 18 Uhr, So ab 12 Uhr

92 Das Schloss Spangenberg

Gruseldinner und Traumhochzeit

Ein Schloss lässt immer Bedeutendes erwarten: Wohnsitz der Reichen, Trutzburg der Mächtigen, Hort des Luxus. In Spangenberg thront das Schloss seit acht Jahrhunderten auf einem Bergkegel über dem Städtchen, und nach der Nutzung als Raubritter-Stützpunkt, landgräfliche Festung, Jagdschloss, Gefängnis und Forstschule dient es seit geraumer Zeit als Hotel und Restaurant. So weit, so gut. Wenn aber die heutige Pächterin Silvana Gattschau ihr Restaurant »Landgastwirtschaft Schloss Spangenberg« nennt, klingt das nicht gerade feudal, sondern eher nach Understatement.

Überzeugen wir uns vor Ort vom Inhalt der dicken Mauern, fahren wir auf den Schlossberg und entern über die Brücke das Burgtor. Die Einrichtung des Restaurants zeigt sich schlicht und modern, aber durchaus wertig. Dazu passen die Gerichte auf der Speisekarte – zeitgemäße deutsche Küche: Zur Vorspeise hausgemachte Rote-Bete-Ravioli mit Petersilienschaum, im Hauptgang Dorade, Iberico-Schwein oder eine vegane Quinoa-Kürbis-Bowl, zum Dessert Arme Ritter mit Aprikosenkompott.

Sowohl kulinarisch als auch vom Ambiente her war das aber noch längst nicht alles, was Spangenberg zu bieten hat. Denn das Schloss ist besonders für Hochzeiten eine gern gebuchte Location mit eigenem Standesamt. Rauschende Feiern mit festlichen Menüs finden im imposanten Rittersaal statt, wo Loungemöbel und Wandkunst einen Mix aus Moderne und Historie bilden. Neben Traumhochzeiten ist hier aber auch Platz für andere Veranstaltungen wie zum Beispiel das »Gruseldinner mit Biss«, bei dem Graf Dracula zu Gast ist. Nicht ganz so unheimlich geht es beim Männer-Kochkurs zu, der ein Vier-Gänge-Fleischmenü mit Craftbier-Verkostung beinhaltet. Und dann gibt es noch die Wochenenden für Mensch und Hund, bei denen sich Herrchen und Frauchen verwöhnen lassen und der vierbeinigen Begleitung hausgemachte Hundeleckerlis gereicht werden.

Adresse Zum Schloss 1, 34286 Spangenberg, Tel. 05663/939930, www.schloss-spangenberg.eu | ÖPNV Bus 400, Haltestelle Spangenberg Schloss | Öffnungszeiten Mo–Sa 18–21 Uhr

93__Das Gut Wissmannshof

Blick aus dem Ausland nach Kassel

Streng genommen liegt das Gut Wissmannshof schon in Südniedersachsen, doch wenn man im Restaurant des Golfplatzes sitzt und aus dem Fenster schaut, sind der Herkules und das Kasseler Becken in Sichtweite. Im Zentrum des weitläufigen Resorts befindet sich das Reich von Sternekoch Jürgen Richter. Er gilt als Altmeister der nordhessischen Küche, hat viele seiner Klassiker-Rezepte in einem Kochbuch verewigt und war lange Chef de Cuisine im Steinernen Schweinchen in Kassel. Am neuen Wirkungsort trifft er viele alte Bekannte wieder, die seinen Einfallsreichtum schätzen, wenn er Bodenständiges mit Innovativem kreuzt – und das sind nicht nur Golfspieler.

Seit einem halben Jahrhundert im Beruf, kennt Richter die Bedürfnisse seiner Klientel ziemlich genau: »Der Gast schätzt es, nicht nur satt zu werden, sondern Freude beim Essen zu haben.« Dieses Erlebnis kann Richter zum Beispiel mit einer klassischen Roulade vermitteln, indem er sie auf ungewohnte Weise anrichtet. Die halbierte Fleischrolle steht bei ihm hochkant auf dem Teller, wird farblich von Selleriepüree und Brokkoli kontrastiert, ein Soßenring umrahmt das Arrangement. Der Gast bekommt so im Paket Freude fürs Auge plus Vergnügen für den Gaumen.

Dass Kochen sein Leben ist, glaubt man dem Altmeister aufs Wort, ans Aufhören denkt er jedenfalls noch nicht. Im Gegenteil, ihn interessiert lebhaft, was andere machen und wo er noch etwas lernen kann. Im Urlaub besucht Richter etwa die Münchner Restaurantlegende Tantris und stellt fest, dass dort mit hohem Personaleinsatz und viel Technik gearbeitet wird. Letzteres lehnt er nicht ab, Pacojet und Thermomix verwendet er auch, bleibt aber auf dem Teppich: »Für mich steht das Handwerkliche im Vordergrund, technisch sollte man einen Mittelweg gehen«, ist er überzeugt. Für sein Lieblingsgericht, Arme Ritter in Vanillesoße, braucht er jedenfalls nur eine Pfanne.

Adresse Wissmannshof 1, 34355 Staufenberg, Tel. 05543/9992239, www.wissmannshof.de | **ÖPNV** Bus 34, Haltestelle Speele Gut Wissmannshof | **Öffnungszeiten** Mo – Sa 11.30 – 14.30 und 17.30 – 21 Uhr, So 11.30 – 14.30 Uhr

94 Landwirtschaft Huckebein

Radler- und Kanutenrast an der Diemel

Wer auf dem Diemelradweg unterwegs ist, hat es einfach mit der Orientierung: Rote Hinweisschilder zeigen an, dass man gerade durch Nordrhein-Westfalen rollt, grüne markieren Hessen. Das 110 Kilometer lange Flüsschen hält sich nämlich nicht an die Landesgrenzen: Die Diemel entspringt im nordhessischen Upland, fließt dann weiter durchs westfälische Sauerland, und auch der Diemelsee kann sich nicht zwischen NRW und Hessen entscheiden. Bei Bad Karlshafen nicht weit vom Dreiländereck – Niedersachsen lässt grüßen – mündet die Diemel dann in die Weser.

Wer es mit dem Rad bis hierhin geschafft hat, durfte sich schon über viele Einkehrmöglichkeiten freuen, die an der Route liegen. Eine der schönsten bietet das Hofgut Stammen nahe Trendelburg, das einst zu dem örtlichen Rittergut gehörte. Im eindrucksvollen historischen Umfeld direkt an der Diemel treffen sich heute Rad- und Kanufahrer, »Boot & Bike« lautet das Motto. Man kann dort im Heuhotel oder auf dem Campingplatz übernachten – und natürlich auch essen und trinken.

Die Landwirtschaft Huckebein steht für ein rustikales Speiseangebot, das von Bratwurst mit Pommes über Falafelteller, Hofgut-Salat und Schnitzel bis zu Kartoffelpuffern reicht. Mehr noch als die Speisekarte mag manch einen Gast das Ambiente überraschen: der baumbestandene Biergarten direkt am Wasser und die urige, gemütliche Gaststube im historischen Gemäuer der ehemaligen Stallungen des Hofguts mit viel Holz und Naturstein. Im Winter verbreitet dort ein Holzofen wohlige Wärme.

Wer nachmittags mit dem Rad über den R4 auf den Hof rollt oder gerade sein Kanu aus dem Wasser zieht, hat den Duft von frisch gebackenen Waffeln in der Nase. Dazu ein Kaffee – und schon bald geht's gestärkt weiter auf der Diemelroute. Bis Bad Karlshafen, wo das Flüsschen aufhört zu sein, sind es keine 20 Kilometer mehr. Die nächste Pause kommt bestimmt.

Adresse Hofgut Stammen, Schloßstraße 29, 34388 Trendelburg, Tel. 05675/725094, www.hofgut.de | ÖPNV Bus 140, 183, Haltestelle Stammen B 83; Infos für Radfahrer unter www.diemelradweg.de | Öffnungszeiten auf Anfrage

95 Das Café Mehlschwalbe

Schneewittchen-Kuchen im Wasserschloss

In der Grimm-Heimat Nordhessen darf man das berühmte Märchen als bekannt voraussetzen: Schneewittchen war weiß wie Schnee, rot wie Blut und schwarz wie Ebenholz. Der gleichnamige Kuchen, der in der Vitrine des Café Mehlschwalbe steht, sieht genauso verführerisch aus – weiße Sahne, rote Kirschen und schwarze Schokolade. An diesem Sonntagnachmittag mit Ausflugswetter ist der Schneewittchen-Kuchen als Erstes vergriffen. Zum Trost bleiben Zwetschgen-Streusel-, Käse-Baiser- und Joghurt-Zitronen-Kuchen zur Auswahl. Kurz überlegen, dann trägt man eine Alternative ins Freie und genießt das Selbstgebackene mit einer Tasse Kaffee unterm Sonnenschirm.

Im ehemaligen Kuhstall des Wasserschlosses Wülmersen, einer historischen Gutsanlage nahe der Diemel, hat die studierte Landwirtin Rita Schmöle ihr Café eröffnet. »Mehlschwalbe« nannte sie es nach der Vogelart, die zahlreich unter den Dachvorsprüngen des Gemäuers wohnt, und weil der Name an das Mehl erinnert, das sie zum Backen ihrer leckeren Kuchen braucht. Sie verwirklichte ihren Traum von einem kulinarischen Ort, an dem es regionale Spezialitäten gibt, meist in Bio-Qualität. »Die Lieferanten für Käse, Wurst, Brot, Salat kenne ich alle persönlich«, sagt die Café-Betreiberin. Das Angebot geht über Kaffee und Kuchen hinaus. Unter »Herzhaftes« findet man auf der Speisekarte hausgemachten Kartoffelsalat mit Bio-Würstchen, Ahle Wurscht und Käseteller, aber auch ein geräuchertes Forellenfilet aus Wülmersen, eine Quiche und den beliebten Linseneintopf. Zum Nachtisch kann man sich ein Bauernhofeis holen.

In der Etage über dem Café befindet sich ein kleines Landwirtschaftsmuseum, das zum Bummel durch die Ausstellung »Übern Tellerrand« einlädt. Gezeigt wird, wie Lebensmittel gestern produziert wurden und heute hergestellt werden. Im Selbstversuch können Besucher eine (künstliche) Kuh melken, was gar nicht so einfach ist.

Adresse Wasserschloss Wülmersen, 34388 Trendelburg, Tel. 05675/7210816, www.mehlschwalbe-cafe.de | **ÖPNV** Bus 143, Haltestelle Trendelburg-Wülmersen | **Öffnungszeiten** April – Okt. Mi – So 11 – 18 Uhr

96__Die Fruchtweinkellerei

Quittenhugo und Heiße Heidi

Nordhessen bietet viele kulinarische Köstlichkeiten. Wein aus heimischem Anbau gehört nur in sehr geringem Umfang dazu, denn die Ausbeute vom Böddiger Berg bei Felsberg, dem nördlichsten Weinberg Hessens, ist relativ gering. Was dort nach der Lese abgefüllt wird, reicht in den meisten Jahren nur für wenige Flaschen, die bei Liebhabern schnell vergriffen sind.

Anders verhält es sich mit dem Fruchtwein aus der Edersee-Region, bekannt auch unter dem Label »Waldecker Schoppen«. Die Fruchtweinkellerei Beranek in Vöhl-Basdorf produziert im Jahr bis zu 200.000 Liter Getränke, meist mit zwölf Prozent Alkoholgehalt. Das Obst dazu baut der Familienbetrieb seit über 30 Jahren überwiegend auf eigenen Plantagen an. Auf zehn Hektar Land wachsen vornehmlich Holunder, Strauchquitten, Johannisbeeren und Rhabarber.

Die Produktpalette, die man im Hofladen der Chefin Andrea Beranek persönlich erwerben kann, ist beachtlich: Fruchtweine und Liköre, Perlwein, Glühwein, Säfte, Sirup und Marmeladen sind im Angebot – in den verschiedensten Geschmacksrichtungen. Zu den genannten selbst geernteten Früchten werden Aroniabeeren, Ebereschen, Pflaumen, Sanddorn, Heidelbeeren, Kirschen, Schlehen und Stachelbeeren verarbeitet. Auch Erdbeeren, die früher vornehmlich auf den eigenen Feldern wuchsen, bereichern das Sortiment. Erdbeerwein mit Holunderblüte ist eine tolle Basis für die Fruchtbowle. Im Sommer mit Mineralwasser vermischt, ergibt sich ein leichtes alkoholisches Weingetränk.

Der Absatz im Winter ist jedoch erstaunlicherweise größer, denn Glühwein darf auf keinem der bundesweit zahlreichen Weihnachtsmärkte fehlen. Hier kommt die »Heiße Heidi« ins Spiel, ein Fruchtwein mit vollmundigem Aroma, der sich großer Beliebtheit erfreut. Auch der »Heiße Quittenhugo« kommt bei frierenden Marktbesuchern, die sich von innen her aufwärmen wollen, gut an.

Adresse Vöhler Straße 3, 34516 Vöhl-Basdorf, Tel. 05635/993201, www.fruechtegarten.de | ÖPNV Bus 503, 504, Haltestelle Vöhl-Basdorf | Öffnungszeiten Hofladen: Mi, Fr 15–18 Uhr, Sa 10–13 Uhr

97 Die Genusswerkstatt

Land in Sicht bei »Wildes aus Waldeck«

Der Appetit stellt sich manchmal ganz plötzlich ein. Wer über Waldecks Marktplatz schlendert und am Regionalladen vorbeikommt, nimmt vielleicht spontan an einem der Tischchen unter dem Sonnenschirm Platz, weil er Lust auf »Wildes aus Waldeck« hat. So ist es auf dem Schild am spitzgiebeligen Fachwerkhaus zu lesen. Ladeninhaber Hubertus Nottscheid könnte seinen Gästen zwar eine kleine Karte vorlegen, doch als Freund des Unkonventionellen geht der gelernte Koch und Marketingfachmann lieber auf individuelle Wünsche ein. Vielleicht kommt er mit einer Tomaten-Mozarella-Tarte wieder raus. Oder mit geräucherter Forelle. Oder er belegt dem späten Frühstücksgast ein Brötchen mit »Camembär« vom Kellerwaldhof.

Im Inneren der Genusswerkstatt, wie Nottscheid seine Laden-Gastronomie in einer ehemaligen Schlosserei nennt, hängen Ahle Würschte dekorativ an einer antiken Garderobe. Bio-Weinflaschen stehen neben dem Holunderlikör namens »Emma« in Regalen. Wildschinken, Fisch und Käsespezialitäten liegen im Kühlfach. Das Besondere dieses Sortiments: Alle Waren stammen aus der Gegend um Kellerwald und Edersee. Und man kann die Sachen nicht nur kaufen und nach Hause tragen, sondern auch sofort im Laden essen, was manche mit einem herzhaften Biss in die Stracke nur allzu gern in die Tat umsetzen.

Für angemeldete Besucher wird auch ein größerer Aufwand betrieben. Ein kulinarisches Gin-Tasting für eine Männergruppe gefällig? Kein Problem. Die Menüabfolge ist phantasievoll: Salat mit Rehrücken, Forellenpastete, Pfannengemüse aus Tomatenwürfeln, Mailänder Schnitzelchen und dazu ein frisch gezapftes Bier. Sitzen kann man an Tischen im geräumigen Laden, draußen vorm Schaufenster oder – besonders schön – im benachbarten Kirchgarten mit Blick aufs Waldecker Schloss. Ach ja, der Edersee-Gin! Den lässt Nottscheid exklusiv mit feiner Orangennote herstellen und verkauft ihn auch in Flachmännern.

Adresse Land in Sicht – Wildes aus Waldeck, Marktplatz 6, 34513 Waldeck, Tel. 05623/9336226, www.wildes-aus-waldeck.de | **ÖPNV** Bus 503, 510, Haltestelle Waldeck Marktplatz | **Öffnungszeiten** Do – Mo 10 – 18 Uhr

98 Das Schloss Waldeck

Eine hochherrschaftliche Tasse Kaffee

Bei einer Tasse Kaffee im Café und Restaurant Altane auf Schloss Waldeck kann es passieren, dass sich hochherrschaftliche Gefühle einstellen. Man thront rund 100 Meter über dem Wasserspiegel des Edersees und genießt aus erhabener Position den Rundumblick. Ein Tisch am Fenster des Burgturms offeriert dem Gast eine Optik von fast 360 Grad. Wenn man den Kopf dreht, gerät das Fahrgastschiff »Stern von Waldeck« in den Blick, das auf die Staumauer zusteuert, weiter hinten die Waldecker Stadtkirche und vorn die mächtige Burganlage, die über Jahrhunderte Stammsitz der Grafen von Waldeck war.

Heute beherbergt das Schloss ein Viersternehotel mit einem mehrgleisigen kulinarischen Angebot. Da ist zunächst die Bratwurstbude, die den Besucher mit herzhaftem Grillduft empfängt, wenn er den Schlosshof betritt. Über eine Wendeltreppe geht's in den Turm, wo das Restaurant Altane nachmittags mit freundlicher Bedienung und schöner Kuchen- und Tortenauswahl aufwartet. Aber auch kleine warme Gerichte sind zu bekommen – von der Tomatencremesuppe bis zum Kalbsgeschnetzelten.

Wer richtig fein dinieren will – und das tun zum Beispiel die Hochzeitsgesellschaften, die zahlreich auf Schloss Waldeck feiern –, geht ins Restaurant Alte Turmuhr. Der Küchenchef verspricht, wunderbare Gerichte und Menüs für den gehobenen kulinarischen Anspruch zu zaubern, indem er Exotisches mit erstklassigen regionalen Produkten kombiniert. Was dabei herauskommt? Zum Beispiel Pfannengerührtes: ein veganes Stir Fry vom Wok mit Reisnudeln, Karotten, Lauch, Paprika, Zucchini, Sesam, Cashewkernen, süß-saurer Soße und Pak Choi – Letzteres ist ein mit dem Chinakohl verwandtes Gemüse. Wer es weniger asiatisch mag, kann eine Wachtelbrust, eine geschmorte Lammhaxe oder ein Kalbskotelett bekommen. In der Bar und im Kaminzimmer lässt sich das Schlossherren-Gefühl dann nach dem Essen weiter auskosten.

Adresse Schloss Waldeck 1, 34513 Waldeck, Tel. 05623/5890, www.hotel-schloss-waldeck.de | ÖPNV Bus 503, 510, Haltestelle Waldeck Marktplatz | Öffnungszeiten Di – Sa 10 – 18 Uhr, So, Mo 12 – 16 und 18 – 21 Uhr

99 Das Strandhaus No. 12

Eine frische Ederseeforelle

»Wahrscheinlich der schönste Blick auf den Edersee«, textet das Strandhaus-Team auf seine Prospekte – und es ist nicht übertrieben, was man vom Restauranttisch aus sieht: direkt vor der Nase die hölzerne Promenade mit Liegewiese und Zugang zum blauen Seewasser. Weiter draußen hüpfen Schwimmer fröhlich kreischend auf der Badeinsel herum. In Fernglas-Distanz kreuzt der Ausflugsdampfer »Stern von Waldeck« zwischen bewaldeten Ufern und weißen Segeln. Und ganz hinten im blauen Dunst ist schemenhaft die Sperrmauer des flächenmäßig zweitgrößten deutschen Stausees zu erkennen.

Doch warum in die Ferne schweifen? Erst mal sollte man den Blick auf das nahe liegende Gute richten, das auf dem Teller zu sehen ist, der vor dem Gast auf dem Tisch steht: Die Ederseeforelle mit Zucchini, Tomate, gebratenen Pfifferlingen, Basilikum-Pesto und Kartöffelchen ist der Klassiker des Hauses, das sich ganz der frischen, saisonalen und regionalen Küche verschrieben hat, wie Inhaberin Gerlinde Koppelin betont. Im maritimen weiß-blauen Ambiente des Restaurants und auch draußen auf der Terrasse schmeckt der Fisch so authentisch, wie es einer Forelle aus lokaler Zucht ansteht. Dazu ein Glas Strandhaus-Riesling, und der Genuss ist perfekt.

Dass die Gastronomin eine besondere Beziehung zum Wasser hat, merkt man nicht nur an der Strandhaus-Einrichtung und den Fischspezialitäten auf der Karte, die von Aal bis Zander reichen. Da war es für sie als passionierte Surferin und Seglerin nur folgerichtig, das historische Waldecker Strandbad zu übernehmen und es in Hotel, Restaurant und Café zu integrieren. Als einst eine »Tatort«-Folge mit Ulrich Tukur am Edersee gedreht wurde, war der Schauspieler ganz begeistert vom morbiden Charme des Holzgebäudes mit den altmodischen Umkleidekabinen, erinnert sich Gerlinde Koppelin. Dank umfangreicher Sanierungen ist heute baulich alles im Top-Zustand.

Adresse Ederseerandstraße 8, 34513 Waldeck, Tel. 05623/5676, www.strandhaus12.de | **ÖPNV** Bus 510, Haltestelle Strandbad | **Öffnungszeiten** täglich 12–21 Uhr und auf Anfrage

100__Die Gemeindeschänke

Slow-Food-Wellness für Bauch und Seele

Hektisch geht es nicht zu im Landhotel Gemeindeschänke in Altenburschla, eher gemächlich. Es kann schon mal eine kleine Ewigkeit vergehen, bis Getränke und Speisen serviert werden. Hat es etwas damit zu tun, dass der Gastronomiebetrieb eine »Slow Food«-Auszeichnung erhalten hat? Geht hier alles etwas langsamer vonstatten? Scherz! Im Genussführer von Slow Food Deutschland gelistet zu sein und das Siegel an der Hauswand zu tragen bedeutet natürlich höchstes Lob für die Küche: Hier werden die Prinzipien »gut, sauber und fair« täglich umgesetzt, auf Geschmacksverstärker und Convenience wird verzichtet, und die Gäste werden mit einladendem Ambiente und freundlichem Service begrüßt. Es gelten die Kriterien »regional vor international, handwerklich vor extravagant, bezahlbar vor hochpreisig«.

Genau das zeichnet die Gemeindeschänke aus: Hartwig Gehl bietet mit seiner nordhessischen Frischeküche seit 1995 in dem kleinen Dorf an der Werra Wellness für Bauch und Seele. Der Gast sitzt bei schönem Wetter vor dem Fachwerkhaus auf dem beschaulichen Dorfanger, und der Koch schickt einen Gruß aus der Küche an den Tisch: ein Kürbiscremesüppchen, das in die spätsommerliche Saison passt. Ein wunderbarer Auftakt. Es folgt die Grüne Bohnensuppe mit Sauerrahm und Croûtons – auf Wunsch mit Lammlebernocke, einer regionalen Zutat der Meißner-Hüteschäferei Timmerberg. Vegetarisch geht das Hessenmenü weiter mit Semmelklößen und Pilzragout von Pfifferlingen, Kräuterseitling und Braunkappe mit Kräutern und Zwiebelwürfeln in Rahmsoße. Das Dessert wird im Glas mit einem Haselnussplätzchen serviert: Schokoladenmousse auf Mango-Ragout.

Seit über 100 Jahren wird auf dem Dorfplatz und in der Schänke von Altenburschla gegessen und getrunken – die Zeit scheint stehen geblieben zu sein. Nicht jedoch für den innovativen Küchenchef, der gern Omas Rezepte ausgräbt und immer wieder neu umsetzt.

Adresse Am Anger 1, 37281 Wanfried-Altenburschla, Tel. 05655/92340, www.landhotel-altenburschla.de | **ÖPNV** Bus 170, 232, Haltestelle Wanfried-Altenburschla Mitte | **Öffnungszeiten** Mo und Do 18–21 Uhr, Fr 18–21.30 Uhr, Sa 18–21.30 Uhr, So 12–14 und 18–20.30 Uhr

101 Der Kleegarten

Apfelstrudel mit Walnussstreuseln

Eine alte Schiefertafel, wie sie unsere Großeltern früher im Schulranzen trugen, liegt im Kleegarten als Speisekarte auf dem Tisch. Mit dem Griffel haben die Küchengeister dort das Menü des Tages weiß auf schwarz in sauberer Handschrift notiert: Es gibt hausgemachte Sülze mit Remoulade, geräucherten Lachs auf Reibekuchen mit Kräuterquark und Salat, Zanderfilet mit Wirsing. Und für Fleischesser ist ein paniertes Kotelett mit Bratkartoffeln oder ein Kalbsschnitzel mit Pfifferlingen im Angebot. Auch Pasta und Matjes kann man bestellen, das freundliche Team erfüllt Sonderwünsche.

Bodenständiges passt in diese ländliche Gegend an der Werra. Und erst recht zum Charakter des 400 Jahre alten Fachwerkhauses, das sein Besitzer aufwendig saniert und zu einer Herberge mit origineller gastronomischer Versorgung ausgebaut hat. Freitags bis sonntags können vorbeikommende Radfahrer und andere Ausflügler in den Sommermonaten hier bei Kaffee und Kuchen oder leckerem herzhaften Essen die Ruhe und das historische Ambiente in Haus und Garten genießen und auch übernachten – in bunten Bauwagen, die auf der großen Wiese stehen, im Strohsacklager in der Scheune für Minimalisten oder in den mit antiken Möbeln ausgestatteten Zimmern.

Der Arzt Dr. Helmut Pippart hat im Werra-Meißner-Kreis schon viele Fachwerkhäuser vor dem Verfall gerettet. In Heldra wurde seine Passion in einen romantischen Traum vom Landleben umgesetzt, indem er den in unmittelbarer Nähe zur ehemaligen deutsch-deutschen Grenze gelegenen Gutshof der Familie des Pädagogen August-Herrmann Francke ausbaute. Für sein Engagement wurde er mit mehreren Denkmalschutz-Preisen ausgezeichnet. Sich selbst belohnt der Ruheständler nun damit, dass er im Garten des Anwesens sitzt und Muße pflegt. Bei einer guten Tasse Kaffee genießt er Apfelkuchen mit Walnussstreuseln und plaudert mit den Gästen über seine Projekte.

Adresse Vor der Lücke 1, 37281 Wanfried-Heldra, Tel. 05655/923444, www.herberge-im-kleegarten-heldra.de | ÖPNV Bus 170, 232, Haltestelle Wanfried-Heldra | Öffnungszeiten Fr, Sa ab 14 Uhr, So 11.30–19 Uhr

102 Das Don Camillo

Essen und trinken unter der Kanzel

Dass sich Menschen in einer Kirche versammeln, ist nichts Ungewöhnliches. Im sauerländischen Willingen treffen sie sich dort allerdings nicht zum Beten und Singen, sondern zum gemeinsamen Essen und Trinken. In die ehemalige Dorfkirche ist 1990 das Restaurant Don Camillo eingezogen. Das Gotteshaus war der evangelischen Kirchengemeinde zu klein geworden. Eine neue Betonkirche wurde gebaut, das alte Kirchlein entwidmet und zunächst als Heimatmuseum genutzt, bis ein Kneipenwirt die Idee mit der gastronomischen Nutzung hatte, das Gebäude übernahm und das Motto »Verdammt gut« auf die Fassade schrieb. Die Küche kam in die Sakristei, auf der Empore wurden Toiletten installiert.

Im Touristenort Willingen fand das viel Anklang, der Laden brummt, inzwischen wurde sogar angebaut. Die Kanzel ist noch da, auf ihr steht eine Figur des katholischen Film-Priesters Don Camillo. Der Altar jedoch ist verschwunden. Er wurde durch eine Zapfanlage ersetzt, die jetzt das Allerheiligste der Kneipe bildet. Der Abendmahlskelch ist den Bier- und Schnapsgläsern gewichen. Statt geistlichem Beistand werden geistige Getränke angeboten.

Was gibt's zu essen unterm Glockenturm? Hausmannskost steht ganz oben auf der Karte: Willinger Bauernsülze mit Bratkartoffeln zum Beispiel. Oder ein Willinger Krüstchen, das ist ein kleines Schnitzel auf Toast mit Spiegelei. Aus dem Suppentopf werden eine feurige Gulaschsuppe, Rinderkraftbrühe oder Tomatencremesuppe beigesteuert. Spezialität des Hauses aber ist Don Camillos Currywurst. Das Gericht – heiß geliebt bei Motorradfahrern aus dem Ruhrpott und Skifahrern aus den Niederlanden – besteht aus einer geräucherten Brühwurst, genannt Feuergriller, fruchtiger Currysoße und Pommes. Reichhaltiger ist die Don-Camillo-Pfanne mit Rumpsteak, Putenbrust und Schweinerückensteak. Nachmittags sind die frischen Waffeln mit heißen Kirschen und Vanilleeis der Renner.

Adresse Alte Kirchstraße 10, 34508 Willingen, Tel. 05632/6769, www.don-camillo-willingen.de | **ÖPNV** Bus 328, 567, 568, R48, Haltestelle Willingen Rathaus | **Öffnungszeiten** Mo–Fr ab 11 Uhr, Sa, So ab 10 Uhr

103 Der Gutshof Itterbach

Waldecker Südfrüchte: Steckrüben neu entdeckt

Steckrüben, im Waldeck'schen auch »Kohlraben« genannt, dienten in mageren Notzeiten nach den Weltkriegen als Ersatz für viele Nahrungsmittel: Suppen, Marmeladen, Kuchen, Kaffee, sogar Koteletts wurden aus der Knolle gemacht, die sonst als Schweinefutter bekannt war. Mit Spott wurde daher nicht gespart, wenn bei armen Leuten Steckrüben auf den Tisch kamen: »Heute gibt's Waldecker Südfrüchte«, hieß es. Der herbsüße Geschmack und die orangene Schale ließen an Apfelsinen denken. Mit zunehmendem Wohlstand wurde die ungeliebte Feldfrucht gänzlich aus der Küche verbannt, bis sie durch den veganen Boom der letzten Jahre eine Renaissance erlebte.

Einer, der die Steckrübe für sich wiederentdeckt hat, ist Küchenchef Thomas Schulrat vom Willinger Gourmetrestaurant Gutshof Itterbach. In seinem vegetarischen Menü des Monats taucht beispielsweise eine Waldpilzpfanne im Brickteig mit Gartenkräuter-Velouté, Spinatsoufflé und bunten Steckrüben auf. Der vom Schlemmer Atlas ausgezeichnete Koch will bei seinem anspruchsvollen Publikum mit dem regionalen Bauerngemüse punkten: »Ich komme vom Land und möchte die Steckrübe, die eine Zeit lang ganz weg war, wieder etwas ins Bewusstsein rücken«, sagt Schulrat. »Es ist ein mild-aromatisches Gemüse, mit dem man gerade auch in Kombination mit rotschaligen Kartoffeln und anderen Wurzeln innovativ und kreativ umgehen kann.«

Mit seinen Menüs möchte der Gutshof Itterbach jüngere Gäste erreichen, die gern mal Neues ausprobieren. In diese Linie passen auch die Kochevents mit Adrien Hurnungee aus Mauritius, Autor des Kochbuchs »Rohstoff«, der mit seiner vitalen Küche alle Sinne ansprechen will. Kostprobe? Sein süßer Menü-Ausklang beinhaltet unter anderem Grüntee-Biskuit-Schnittchen, essbare Blüten mit Portwein-Feigen, ein kreolisches Kumquat-Ragout und Joghurt-Popcorn in flüssigem Stickstoff. Die Steckrübe würde auch gut zu ihm passen.

Adresse Mühlenkopfstraße 7, 34508 Willingen, Tel. 05632/96940, www.gutshof-itterbach.de | ÖPNV Bus 567, 568, R48, Haltestelle Willingen Abzweig Stryck | Öffnungszeiten Do–Sa 14–21 Uhr, So 10–14 Uhr (Brunch), So 14.30–17 Uhr

104 Die Bauernmolkerei

Käse-und-Wein-Abend im Muhseum

Nein, eine Weinregion ist Nordhessen nicht. Eher eine Milchregion, denn Kühe gibt es reichlich auf den grünen Hügeln zwischen Kassel, Kellerwald, Meißner und Waldeck. So ist es auch nicht verwunderlich, dass der regionale Käse-und-Wein-Abend nicht beim Winzer, sondern in der Molkerei stattfindet. Genauer gesagt in der Upländer Bauernmolkerei in Usseln, die von über 100 Bio-Höfen beliefert wird. Es fließen pro Jahr 48 Millionen Liter Bio-Milch in bester Qualität, Grundlage für 50 Käsesorten, die man im Bioladen kaufen kann.

Im Muhseum, das anhand von Kuhmodellen mit Euter erklärt, wo die Milch eigentlich herkommt, treffen sich regelmäßig Gourmets, um eine Sinfonie des Geschmacks zu erleben. Käse trifft auf Wein – die Kombination passt, fordert gleichzeitig aber auch heraus, denn die Liste ist lang: Neun Sorten Käse heimischer Herkunft und sieben Weine aus Rheinhessen, Frankreich und Italien werden probiert. Moderatorin Ulrike führt 14 Teilnehmende durch den vierstündigen Abend, erklärt die Paarungen, streut Trinksprüche und Gedichte ein.

Zum Auftakt eine Frischkäsekugel mit Honig und Senf von der Jausenstation in Weißenbach, kombiniert mit einem trockenen Rivaner. Dazu Knäckebrot mit Sesam und Dinkel, später Upländer Klumpen und Trauben-Nuss-Brot vom Willinger Brotsommelier von der Heide. Vom Kellerwaldhof aus Bad Zwesten kommt der Weichkäse Primavera, ebenso der halbfeste Bockshornklee-Käse, genossen mit elegantem Grauburgunder und weißem Blanc de Noir aus blauen Trauben. Würzig-cremig ist der Kleine Joppy vom Biohof Jacobi, dazu ein fein-fruchtiger Rosé. Nach der Pause switchen wir zum Rotwein – als Begleitung zum hausgemachten Handkäse-Tatar, Ziegenkäse, Bergkäse und schließlich zum Schnittkäse Don Camillo mit Pfefferrinde. Kräftiger, würziger, gehaltvoller – Käse und Wein halten sich die Waage. Die Schokolade am Ende bietet süße Erlösung.

Adresse Upländer Milchmuhseum, Korbacher Straße 6, 34508 Willingen-Usseln, Tel. 05632/922222, www.muhseum.de | **ÖPNV** Bus 567, 568, R 48, Haltestelle Usseln Mitte | **Öffnungszeiten** Di – Sa 11 – 17 Uhr

105 Das Bio-Bistro Ringelnatz

Kaffee, Kunst, Gedichte und Wärmflaschen

Wenn man mit Uwe Arends spricht, hat man das Gefühl, sein bärtiges Gesicht schon lange zu kennen, auch wenn man dem Inhaber vom Café Ringelnatz noch nie zuvor begegnet ist. Der Mittsiebziger ist allgegenwärtig, duzt seine Gäste, die sich auf den durchgesessenen Sofas niedergelassen haben, stellt zusätzliche Stühle an den runden Tisch, räumt Rucksäcke beiseite, streichelt einen Hund, begrüßt Musiker, bringt Kaffee, hat für jeden ein freundliches Wort. Und mehr noch: »Ringelnatz-Gedichte – vorgelesen von Uwe Arends ganz nach Lust und Laune« kann man laut Speisekarte ebenfalls bei ihm bestellen – ganz gratis.

Probe gefällig? »Mein Magen knurrt wie Gewitterwolken grollen. Die Katze schnurrt. Was solche Geräusche wollen?«, dichtete einst Joachim Ringelnatz, der dem Café seinen Namen verlieh. Zu der kulinarischen Adresse am Uni-Standort Witzenhausen passen solche Zeilen gut: unkonventionell und urig – ein Platz zum Wohlfühlen und Genießen. 2013 gründete Arends, bis dahin Antiquitätenhändler, in einem Fachwerkhaus in der Altstadt seine »Bio-Café-Bistro-Galerie«, wo es nicht nur was zu essen gibt, sondern wo auch Kultur stattfindet: Konzerte, Lesungen, Ausstellungen. 54 Plätze drinnen und viele draußen im weitläufigen Garten im gemütlichen Zelt, das auch im Winter genutzt wird. Klimaschädliche Heizpilze verabscheut der Chef, lieber bringt er Frierenden eine Wärmflasche raus.

Stolz macht Arends, dass das Ringelnatz zur ersten bio-zertifizierten Gastronomie im Werra-Meißner-Kreis wurde. Das finden auch viele seiner Gäste gut, die ökologischen Landbau studieren. Jeden Tag gibt's eine neue Speisekarte. Standortnahe Produkte und die Jahreszeit geben die Richtung vor. Weil gerade die Quitten reif sind, stehen in der Kuchenvitrine fünf verschiedene Torten mit der Gartenfrucht, und auch die Tageskarte empfiehlt Quarkwaffeln mit Quittenmus oder ein herzhaftes Kürbis-Quitten-Curry.

Adresse Steinstraße 12, 37213 Witzenhausen, Tel. 05542/6199785, www.ringelnatz-witzenhausen.de | **ÖPNV** 1, 2, 210, 214, 217, 218, 220, Haltestelle Witzenhausen Brückenstraße | **Öffnungszeiten** Mi und Sa 12–17 Uhr

106 Der Kirschenhof

Hier ist gut Kirschen essen!

Zwei Termine muss man sich im Kalender kirschrot anstreichen: Im April verwandeln 150.000 blühende Bäume auf den Streuobstwiesen rund um Witzenhausen Nordhessen in einen herrlich weißen Frühlingstraum – ein Genuss fürs Auge. Ende Juni sind dann die süßen roten Früchte auf den Plantagen an der Werra reif, und es beginnen Ernte und Verkostung – ein Genuss für den Gaumen. Beides liefert alljährlich gute Gründe für einen Ausflug nach Witzenhausen.

Der Kirschenhof Kindervatter ist in dieser Saison bestens für den Ansturm der Gäste gerüstet – Restaurant, Hofladen und Café bieten viel Köstliches rund um das beliebte Steinobst. Zuallererst kann man die hell- bis dunkelroten Kirschen in ihren verschiedenen Süßegraden natürlich einfach so probieren oder körbchenweise nach Hause tragen. 5.000 Kirschbäume nennt der Hof sein Eigen, zur Erntezeit brummt es im Hofladen. Ein frischer Kirschkuchen mit Streuseln auf der Caféterrasse sollte aber auch drin sein. Und warum nicht ein prickelndes Glas Kirschblüten-Secco, vielleicht sogar ein Schlückchen Kirschwasser?

Aus Kirschen kann man aber auch noch ganz andere Sachen machen, wie ein Blick in die Speisekarte des Restaurants lehrt. Sehr beliebt sind die Kirsch-Ravioli. Koch Tobias Kindervatter bringt ein komplettes Kirschenmenü auf den Tisch: Zum Start Rote-Bete-Kirsch-Suppe, dann Schweinelendchen im Speckmantel mit frischen Pfefferkirschen und einem Kirsch-Chili-Risotto und zum Dessert Vanilleeis mit heißen Kirschen und Sahne. Alles pflückfrisch vom Baum – bis auch der letzte Gast merkt: Hier ist gut Kirschen essen!

Im Kirsch-Kino informiert ein Film über den Kirschanbau in Witzenhausen. Noch schöner aber ist ein halbstündiger Spaziergang über den Kirschwanderweg 3, der mitten durch die Plantagen führt – vorbei an weißen Blüten, summenden Bienen und roten Kugeln, die lustig zwischen grünen Blättern baumeln.

Adresse Hof Kindervatter, Auf der roten Leithe 1, 37213 Witzenhausen, Tel. 05542/2620, www.hof-kindervatter.de | ÖPNV Bus 1, Haltestelle Weserstraße | Anfahrt von Witzenhausen über die Ermschwerder Landstraße stadtauswärts, dann den Schildern zum Kirschenhof folgen; gut erreichbar auch über den Werratal-Radweg | Öffnungszeiten Mi–Fr 12–14 und 17–21 Uhr, Sa, So 12–21 Uhr

107 Die Gärtnerei Knofi & so

Knollen für den starken Geschmack

Wenn man Wina Diekhof fragt, woher ihre besondere Vorliebe für Knoblauch kommt, muss sie nicht lange überlegen: »Mein Vater hat mir schon als Kleinkind immer eine Knofi-Zehe in den Mund gesteckt«, lacht die Grauhaarige mit der Rastafrisur, die als Gastronomin und Betriebswirtin aus Oldenburg nach Nordhessen kam. In Witzenhausen studierte ihr Freund damals Öko-Agrarwissenschaften, beide aber liebten nicht nur die Theorie der biologisch-organischen Landwirtschaft, sondern vor allem die Praxis – und natürlich Knoblauch.

Da sie im eigenen Garten mehr anbauten, als sie selbst essen konnten, machte sich das Paar Gedanken über die weitere Verwertung der gesunden und aromatischen Knollen, und es entstand die Bioland-Gärtnerei »Knofi & so« mit angegliederter Manufaktur, in der vegane Brotaufstriche und Pestos, Soßen und Dips, Aioli und Chutneys gemacht werden. Heute floriert der Betrieb mit 20 Mitarbeitenden: Auf den Äckern rund um Unterrieden bauen sie auch andere Gemüsesorten und Obst an, halten Schafe und Hühner, die für Fleisch und Eier sorgen.

Kernprodukt aber ist und bleibt der Knoblauch, der traditionell eigentlich in wärmeren Ländern angebaut wird – vom Balkan lässt Graf Dracula grüßen. »Bestimmte Knoblauchsorten wachsen aber auch in Nordhessen super«, betont die Gärtnerin und verweist auf die große Vielfalt. Anstelle der Softneck-Sorten, die man im Supermarkt kaufen kann, bieten die Witzenhäuser ihre scharf, frisch, fruchtig bis süß schmeckenden Hardnecks auf Wochenmärkten und am Selbstbedienungsstand auf dem Hof an. Auch ausgewählte Restaurants werden beliefert – im Kasseler Mondi hängt ein Knoblauchzopf als Deko.

Aber wie ist das mit dem strengen Geruch, der angeblich sogar Vampire vertreibt? Gibt es ein Zaubermittel dagegen? »Man muss seine gesamte Umgebung mit Knofi versorgen, dann stört's keinen mehr«, lacht Wina Diekhof.

Adresse Ludwigsteinstraße 32, 37214 Witzenhausen-Unterrieden, Tel. 0176/45617770, www.knofiundso.de | **ÖPNV** Bus 214, Haltestelle Unterrieden Mitte | **Öffnungszeiten** SB-Hofstand rund um die Uhr zugänglich

108__Die Alte Wache

Beim Schnuddeln Hessen-Tapas genießen

Wenn Tapas kleine Appetithäppchen sind, die in Spanien zum Wein gereicht werden, dann muss das nordhessische Äquivalent anders definiert werden – zumindest gilt das für die Vorspeisen, die Anja Otto unter dem Namen »Hessen-Tapas« in der Alten Wache in Wolfhagen anbietet. Denn die Kleinigkeiten, die hier auf den Tisch kommen, sind richtig üppig. Manchmal macht schon ein einzelnes Tellerchen satt. Etwa das Tapa »Himmel und Erd« – ein Rösti-Taler mit Apfelkompott, Blutwurst-Chips und Röstzwiebeln. Oder das Mini-Schnitzel mit Handkäse, überbacken auf Brot. Oder das Stramme Mäxchen – Brot mit hessischer Coppa, Spiegelei und Bacon. Und erst recht die kleine Rinderroulade mit Rotkraut-Apfel-Salat und Kartoffelwürfeln. Solche Tapas, zu Deutsch »Deckel«, schließen schnell den Magen.

Aus Mallorca, wo sie sechs Jahre lebte, hat Inhaberin Anja Otto die Tapas-Idee importiert. In Wolfhagen pachtete sie 2020 zusammen mit ihrem Mann Holger das Restaurant Altes Rathaus. Dazu kam dann das gegenüberliegende Fachwerkhäuschen Alte Wache, in dem einst die Schule und später ein Café untergebracht war. Jetzt also Tapas, nordhessische wohlgemerkt. Die gebürtige Thüringerin, die ihre Heimatküche für vergleichbar mit der deftigen hessischen hält, hatte den Ehrgeiz, »ein bisschen was anderes zu machen«. Also keine Pizzeria, kein reines Kaffee-und-Kuchen-Café, sondern eine stilvoll eingerichtete Tapas-Bar auf zwei Ebenen.

Aus den in der Karte aufgelisteten zwei Dutzend »Kleinigkeiten« kann man sich auch eine Hessische Tapas-Platte für zwei Personen zusammenstellen lassen, was dann ein Überraschungsmenü ergibt. Ahle-Wurscht- und Schinken-Häppchen ergänzen das originelle Speisenangebot, das auf Regionalität setzt. Fleisch beziehen die Wolfhager Gastronomen von der Landfleischerei Lefringhausen aus dem benachbarten Viesebeck, wo noch Hausschlachtungen stattfinden.

Adresse Kirchplatz 2, 34466 Wolfhagen, Tel. 05692/3979988, www.alte-wache-wolfhagen.de | **ÖPNV** Bus 110, 112, Haltestelle Wolfhagen Moltkestraße | **Öffnungszeiten** Di–Sa ab 9 Uhr, So ab 10 Uhr (Brunch)

109__Das Bauernhofcafé

Kuchen und Schinken »nach alter Väter Art«

»Den Mohnkuchen kann ich im Schlaf«, lacht Doris Kuhaupt. Fünf Bleche davon backt sie pro Woche. Freitags wird der Kuchen auf dem Wochenmarkt in Lohfelden verkauft, samstags am Stand auf dem Rathausplatz in Vellmar. Die übrige Zeit aber gehört dem Bauernhof zu Hause in Viesebeck mit dem angegliederten Café und dem Hofladen. Mitten in einem großen Garten am Ortsrand stehen Tische und Stühle auf der Wiese und im Hof: 30 Plätze draußen und noch einmal 40 im umgebauten Schweinestall, an denen selbst gebackener Kuchen und verschiedene Kaffee-Spezialitäten serviert werden.

Das lockt nicht nur die Landbevölkerung auf den Hof. Besonders an den Wochenenden kommen auch Radausflügler aus der Stadt und Wohnmobile vom nahen Twistesee hier vorbei, gern lassen sich hungrige Menschen zu einer Rast unter Bäumen nieder. Je nachdem, was gerade im Garten geerntet wurde, gibt es an der Kuchentheke leckere Pflaumentarte, Zwetschgen- oder Apfelkuchen, Stachelbeer-Baiser-, Rhabarber- oder Johannisbeertorte. Beliebt ist auch ein Stück Heidelbeer-Eierlikör.

Doch damit ist es nicht genug, denn Doris' Ehemann, Metzgermeister Friedhelm Kuhaupt, steuert Herzhaftes für die Gäste bei. Auf Brotzeittellern besonders gern gesehen ist die Stracke, ganz traditionell mit einer leichten Knoblauchnote. Blut-, Brüh- und Kochwurst sowie der mehrfach ausgezeichnete Kuhaupt'sche Kochschinken aus der Ober- und Unterschale gelten als Spezialitäten aus dem Wolfhager Land. Auch der rohe Schinken – »nach alter Väter Art selbstverständlich ohne Geschmacksverstärker« – hat viele Fans, weiß der Landwirt und Metzger, der selbst noch 100 Schweine im Stall mästet. Manches von den Haus-Produkten landet nicht im Hofverkauf, sondern bleibt der Familie erhalten, und zu den größten Schinken-Liebhabern darf Kuhaupt seine Frau, die Kuchenbäckerin, zählen: »Wenn die ihren Schinken nicht hat …«

Adresse Familie Kuhaupt, Wolfhager Straße 36, 34466 Wolfhagen-Viesebeck, Tel. 05692/5493, www.cafe-kuhaupt.de | ÖPNV Bus 113, 114, Haltestelle Wolfhagen-Viesebeck Mitte | Öffnungszeiten Mi, Do, Sa, So 14–18 Uhr

110 Wilde Lagerfeuerküche

Kräuter im Habichtswald verkosten

Wie wäre es mit einem Natur-pur-Menü – am Wegesrand gepflückt, über dem offenen Feuer gegart und draußen gegessen? Zur Vorspeise steht ein Salat aus Löwenzahn auf der Karte – die jungen grünen Blätter sind mit einem honigartigen Sirup aus den gelben Zungenblüten angemacht. Dazu wird warmes Stockbrot aus Vollkornteig gereicht. Als Hauptgericht gibt's einen Eintopf aus Artischocken-Grünkohl mit Kartoffeln und Kohl-Kratzdisteln – angereichert mit Speck oder geräuchertem Tofu. Und zum Dessert folgen wilde Brombeeren mit Schokoüberzug, garniert mit Gundermann-Blättchen, die ebenfalls in geschmolzene Schokolade getaucht wurden.

Wer mit Naturparkführerin Tanja Tempel durch Nordhessen streift, kann nicht nur einiges über die heimische Flora lernen, sondern auch das Genießen gehört dazu. Die zertifizierte Wildpflanzen- und Heilkräuterpädagogin hat verschiedene Veranstaltungen für Gruppen im Angebot. Zu den Highlights zählt die »wilde Lagerfeuerküche«: Insgesamt sechs Stunden sind die Kursteilnehmer damit beschäftigt, Essbares in der Natur zu finden, Feuer zu machen, das Grünzeug gemeinsam zuzubereiten und anschließend zu verspeisen. Ein ganzheitliches Erlebnis.

Bei einer Kräuterwanderung wird erst geguckt, dann gesammelt und zuletzt verkostet. Kleine und große Teilnehmer wundern sich, wie einfach man von der Hand in den Mund leben kann und was alles schmeckt. Zumindest mundet es irgendwie, nicht immer ist es der reine Genuss. Denn in der Umgebung von Zierenberg – auf dem Dörnberg, am Habichtswaldsteig oder auf dem Hasunger Berg – wachsen natürlich auch Pflanzen, die nicht zum Verzehr geeignet sind. Vom giftigen Schierling oder dem Aronstab sollte man tunlichst die Finger lassen. Aber keine Angst, das sagt einem die sachkundige Führerin schon – und rät zum leckeren Giersch und zur Brennnessel, aus der sich Spinat, Suppe oder Pesto machen lassen.

Adresse Naturerlebnisse mit Tanja Tempel, Am Galgenköppel 5, 34289 Zierenberg, Tel. 05606/5323205, www.naturpur-naturerlebnisse.de | Anfahrt wechselnde Treffpunkte zu den unterschiedlichen Veranstaltungen, Infos siehe Website | Öffnungszeiten Termine siehe Website

111_Die Hessenpraline

Süße Kleinode aus der Umgebung

Der Mann ist sich für nichts zu schade: Konditor Christoph Bayer tüftelt in der Pralinenwerkstatt zu Hause in Zierenberg ständig an Neuem. Heraus kommen für gewöhnlich exquisite Trüffel und köstliche Pralinés, manchmal aber auch etwas fragwürdige Kreationen. Etwa wenn ein Radiosender für seine Hörer eine Praline mit Handkäs-Geschmack haben möchte. Eine solche Herausforderung nimmt Bayer ernst und kriegt die unorthodoxe Kombination so hin, dass das Naschen ein Genuss bleibt. Oder wenn er feinste Vollmilchschokolade mit der Stracken von der Landfleischerei Koch kreuzt und diese Schnapsidee »Ahle Worscht-Schoggelourd« nennt – ein Name, der die Herkunft des kreativen Pralinenmachers aus der Wetterau verrät.

Dass der gelernte Bäcker inzwischen aber fest in Nordhessen verwurzelt ist, belegen die Produktnamen seiner zahlreichen Hessenpralinen: Da gibt es die dunkle »Bad Karlshafen«, die süßes Karamell mit einer feinherben Hülle und einem Hauch Salz aus der Weserthermе mischt. Oder die gesunde Hessenpraline »Zierenberg«, mit einem Magenlikör aus Ingwer und Rum hergestellt, wobei der örtliche Apotheker den medizinisch wirksamen »Escheberger Zerrwanst« zuliefert. Oder den Trüffel »Dörnberg« mit Wacholdernote, den Eierlikörtrüffel vom Biohof sowie die fruchtige Praline »Altenhasungen« mit Erdbeer-Aroma.

Angemeldete Besucher können bei der Pralinenproduktion zuschauen. Dann läuft vielleicht gerade der Orangenkeks mit Mandelnugat für die Sommerpraline Arancia durch die Überzugsmaschine und wird mit einer Haut aus weißer Schokolade versehen. Der Meister und seine Auszubildende stehen an dem kleinen Förderband und krönen jede einzelne Praline mit einem hübsch verzierten Kakaobutterdeckel. Nach dem Trocknen wird das Konfekt in nette Schachteln verpackt – auch die sind handgemacht und gleichen mit Magnetverschluss und Prägestempel einem Schmuckkästchen.

Adresse Friedrichsaue 13, 34289 Zierenberg, Tel. 06033/7953375, www.hessenpraline.de | **ÖPNV** Bus 117, Haltestelle Zierenberg-Friedrichsaue | **Anfahrt** von Zierenberg in knapp 3 Kilometern über die L 3214 nach Friedrichsaue | **Öffnungszeiten** nach Vereinbarung, Infos siehe Website

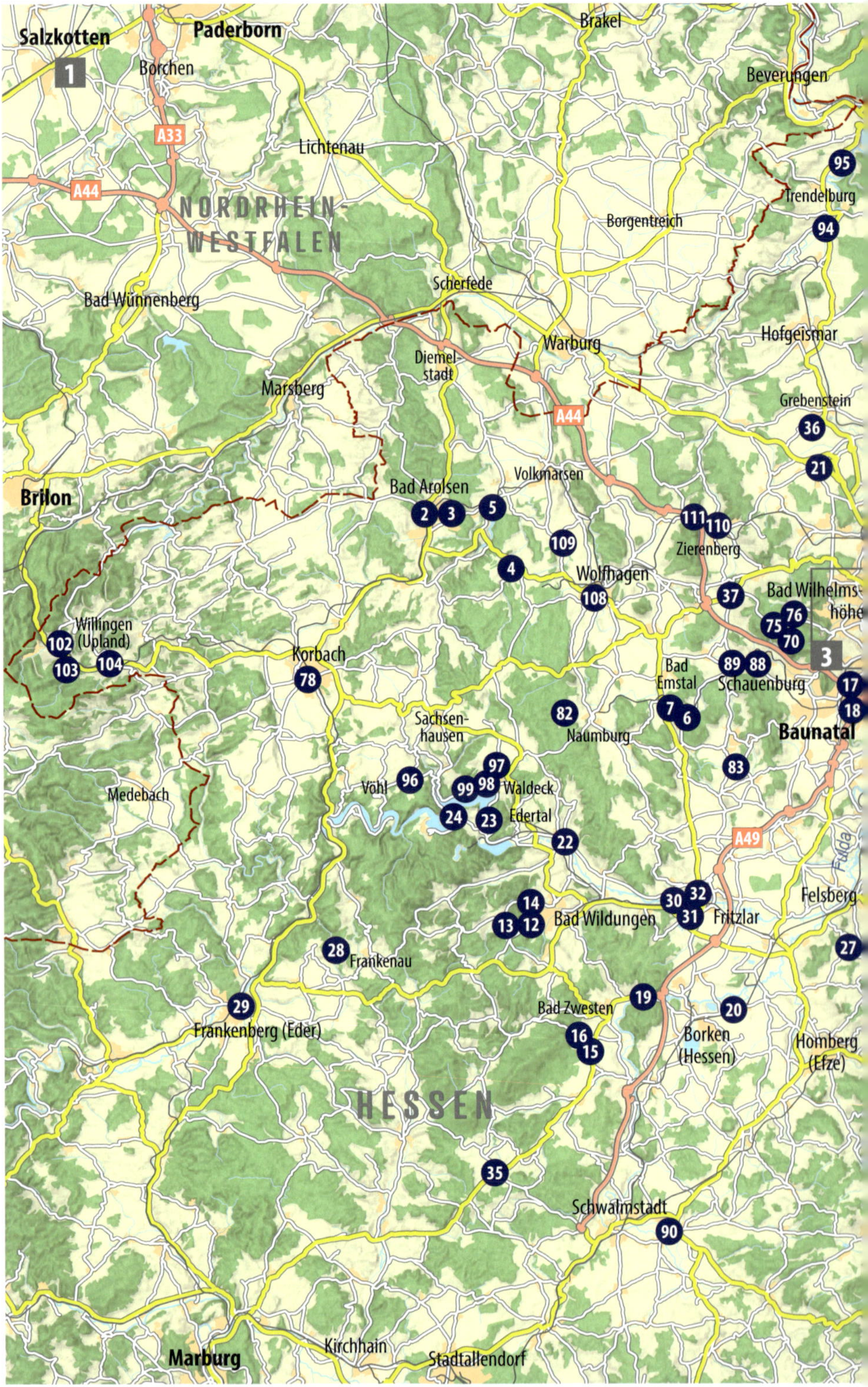

Salzkotten
Paderborn
Brakel
1
Borchen
Beverungen
A33
Lichtenau
95
A44
Trendelburg
NORDRHEIN-
WESTFALEN
Borgentreich
94
Scherfede
Bad Wünnenberg
Hofgeismar
Warburg
Diemel-
stadt
Marsberg
A44
Grebenstein
36
21
Volkmarsen
Bad Arolsen
Brilon
2
3
5
111
110
109
Zierenberg
4
Wolfhagen
37
Bad Wilhelms-
höhe
108
76
75
70
Willingen
(Upland)
102
103
104
Korbach
78
Bad
Emstal
89
88
3
Schauenburg
17
18
7
6
82
Sachsen-
hausen
Naumburg
Baunatal
83
97
96
99
98
Vöhl
Waldeck
24
23
Edertal
Medebach
22
A49
Fulda
14
30
32
Felsberg
13
12
Bad Wildungen
31
Fritzlar
28
Frankenau
27
29
19
Bad Zwesten
20
Frankenberg (Eder)
16
15
Borken
(Hessen)
Homberg
(Efze)
HESSEN
35
Schwalmstadt
90
Kirchhain
Marburg
Stadtallendorf

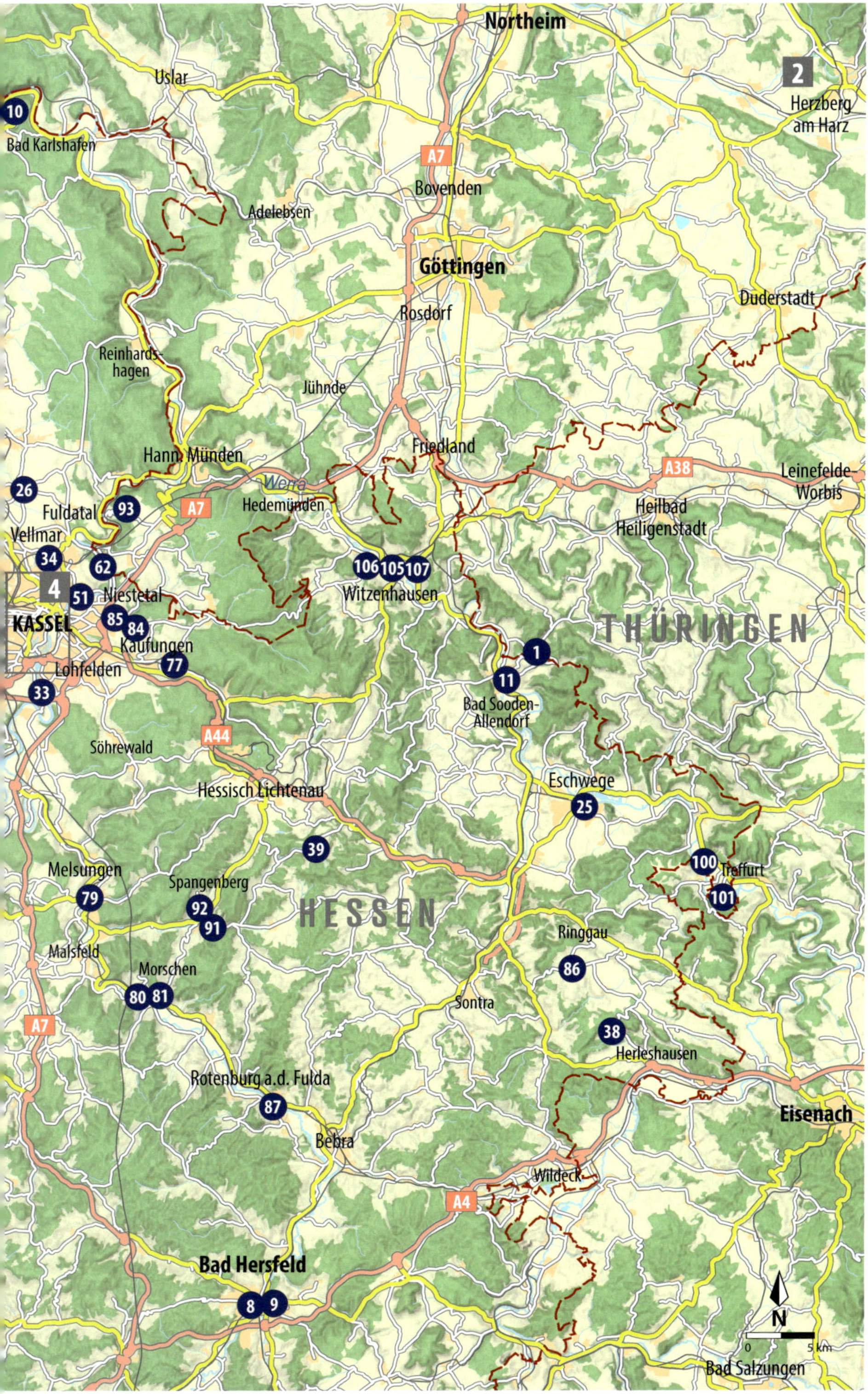
Northeim
2
Herzberg am Harz
Uslar
10
Bad Karlshafen
A7
Bovenden
Adelebsen
Göttingen
Rosdorf
Duderstadt
Reinhardshagen
Jühnde
Friedland
A38
Leinefelde-Worbis
Hann. Münden
Werra
26
Fuldatal
93
A7
Hedemünden
Heilbad Heiligenstadt
Vellmar
34
62
106
105
107
4
51
Niestetal
Witzenhausen
KASSEL
85
84
THÜRINGEN
Kaufungen
1
Lohfelden
77
11
33
Bad Sooden-Allendorf
A44
Söhrewald
Hessisch Lichtenau
Eschwege
25
39
100
Treffurt
Melsungen
Spangenberg
101
79
92
HESSEN
91
Ringgau
Malsfeld
Morschen
86
80
81
Sontra
A7
38
Herleshausen
Rotenburg a.d. Fulda
87
Eisenach
Bebra
Wildeck
A4
Bad Hersfeld
8
9
N
0
5 km
Bad Salzungen

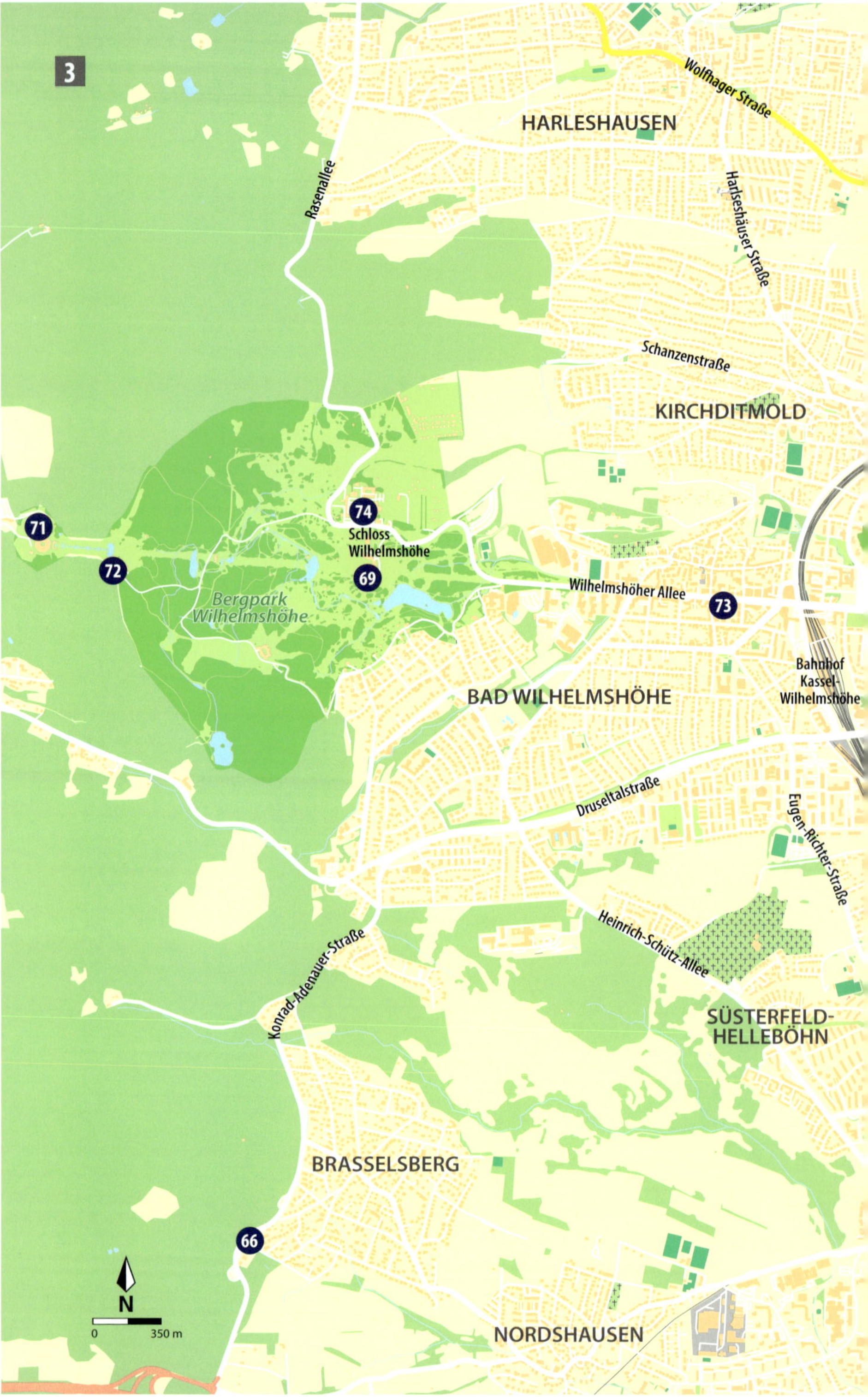

3
HARLESHAUSEN
Wolfhager Straße
Rasenallee
Harlseshäuser Straße
Schanzenstraße
KIRCHDITMOLD
74
Schloss Wilhelmshöhe
71
72
69
Bergpark Wilhelmshöhe
Wilhelmshöher Allee
73
Bahnhof Kassel-Wilhelmshöhe
BAD WILHELMSHÖHE
Druseltalstraße
Eugen-Richter-Straße
Heinrich-Schütz-Allee
Konrad-Adenauer-Straße
SÜSTERFELD-HELLEBÖHN
BRASSELSBERG
66
N
0
350 m
NORDSHAUSEN

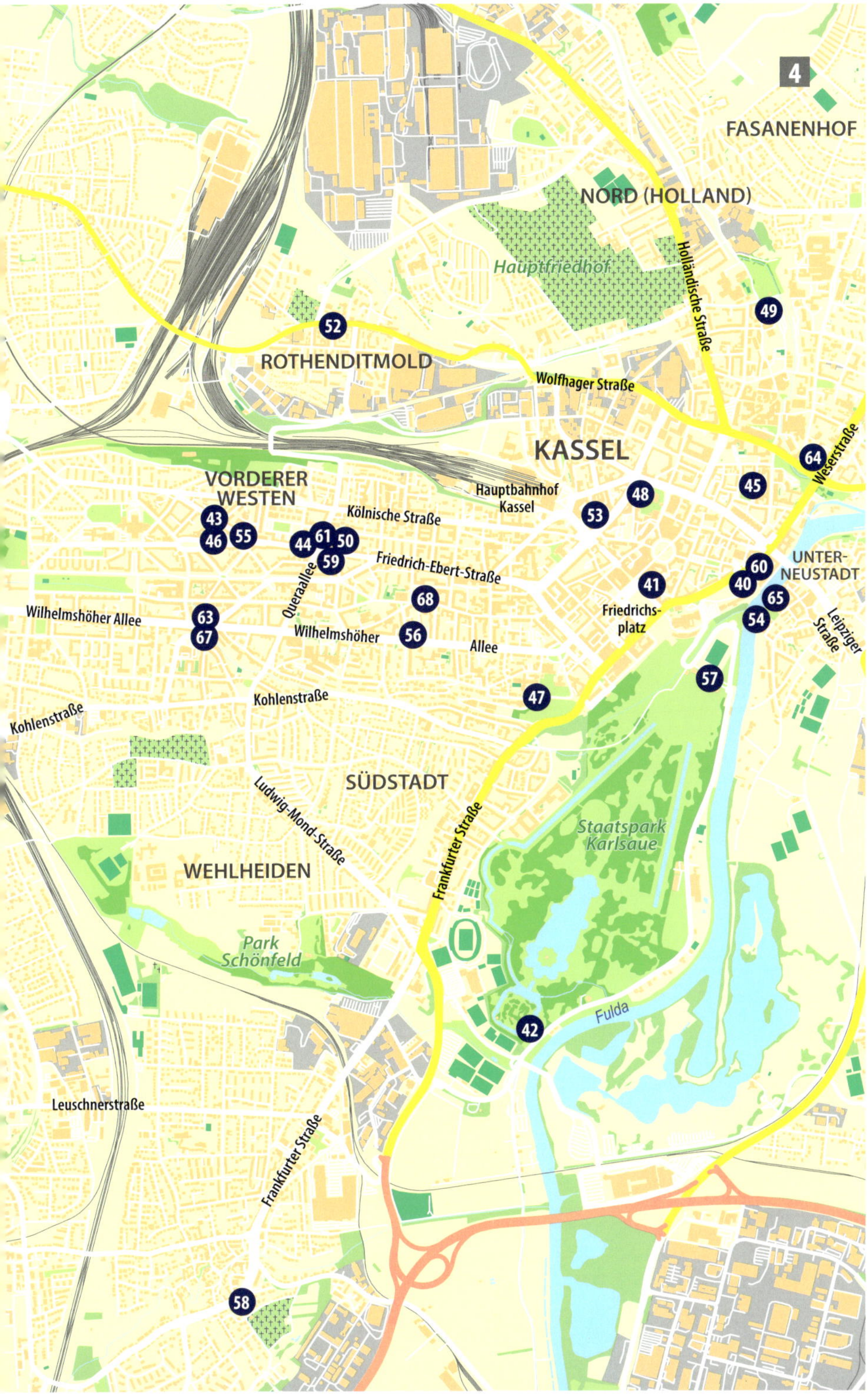
4
FASANENHOF
NORD (HOLLAND)
Hauptfriedhof
Holländische Straße
49
52
ROTHENDITMOLD
Wolfhager Straße
KASSEL
64
Weserstraße
45
48
VORDERER WESTEN
Hauptbahnhof Kassel
53
43
46
55
Kölnische Straße
44
61
50
59
Friedrich-Ebert-Straße
UNTER-NEUSTADT
60
40
65
54
41
Queraallee
68
Wilhelmshöher Allee
63
67
Wilhelmshöher
56
Allee
Friedrichs-platz
Leipziger Straße
57
47
Kohlenstraße
Kohlenstraße
SÜDSTADT
Ludwig-Mond-Straße
Frankfurter Straße
Staatspark Karlsaue
WEHLHEIDEN
Park Schönfeld
Fulda
42
Leuschnerstraße
Frankfurter Straße
58

Lothar Simmank
111 himmlische Orte in Hessen, die man gesehen haben muss
ISBN 978-3-7408-1494-6

Tim Frühling
111 Orte in Mittelhessen, die man gesehen haben muss
ISBN 978-3-7408-2179-1

HP Mayer
111 Orte im Rheingau, die man gesehen haben muss
ISBN 978-3-7408-2200-2

Ingrid Schick
111 Orte im Vogelsberg und in der Wetterau, die man gesehen haben muss
ISBN 978-3-7408-2029-9

Tim Frühling
111 Orte in der Rhön, die man gesehen haben muss
ISBN 978-3-7408-1998-9

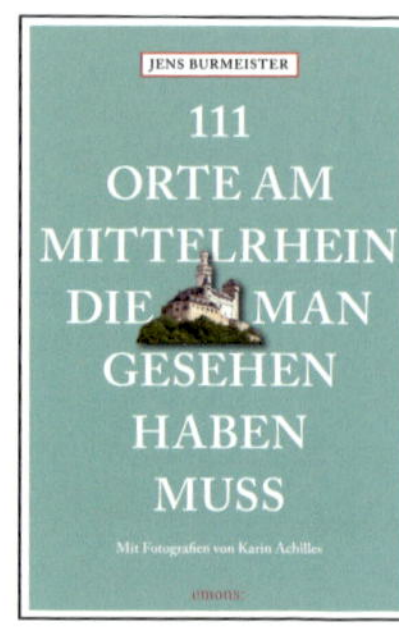

Jens Burmeister
111 Orte am Mittelrhein, die man gesehen haben muss
ISBN 978-3-7408-1745-9

Christina Bacher
111 Orte in und um Marburg, die man gesehen haben muss
ISBN 978-3-7408-1225-6

Dietmar Hoos
111 Orte in Kassel, die man gesehen haben muss
ISBN 978-3-7408-1879-1

Eva Wodarz-Eichner, Karsten Eichner
111 Orte in Wiesbaden, die man gesehen haben muss
ISBN 978-3-7408-1634-6

Tim Frühling
111 Orte an Main und Kinzig, die man gesehen haben muss
ISBN 978-3-7408-1345-1

Daniel Robbel, Horst Hohn
111 Orte im Westerwald, die man gesehen haben muss
ISBN 978-3-7408-1229-4

Laszlo Trankovits
111 Orte rund um den Äppelwoi, die man gesehen haben muss
ISBN 978-3-7408-0861-7

Dorothee Fleischmann,
Carolina Kalvelage
111 Orte im Weserbergland, die man gesehen haben muss
ISBN 978-3-7408-1511-0

Gertrud Steiger, Joachim Steiger
111 Orte im Odenwald, Spessart und an der Bergstraße, die man gesehen haben muss
ISBN 978-3-7408-1512-7

Dorothee Fleischmann
111 Orte im Taunus, die man gesehen haben muss
ISBN 978-3-7408-1420-5

Anna Köhler
111 Orte in Offenbach, die man gesehen haben muss
ISBN 978-3-7408-0982-9
Holger Grumt Suárez, Roland

Grumt Suárez
111 Orte in und um Gießen, die man gesehen haben muss
ISBN 978-3-7408-0971-3

Ingo Stock
111 Orte im Werra-Meißner-Kreis, die man gesehen haben muss
ISBN 978-3-7408-0855-6

Sonja Morawietz,
Hartmut Heinemann
111 Orte in Darmstadt, die man gesehen haben muss
ISBN 978-3-95451-920-0

Thomas Baumann
111 Orte in der Kurpfalz, die man gesehen haben muss
ISBN 978-3-89705-891-0

Michael Moll
111 westdeutsche Wohnmobilstellplätze, die man kennen muss
ISBN 978-3-7408-1744-2

Martin Nusch
111 Mal mit WDR 2 raus in den Westen, Band 3
ISBN 978-3-7408-2090-9

Henrik Grotjahn
111 Orte in Münster, die man gesehen haben muss
ISBN 978-3-7408-0979-9

Martin Nusch
111 Mal mit WDR 2 raus in den Westen
ISBN 978-3-7408-1962-0

Dina Knorr
111 Orte im Sauerland, die man gesehen haben muss
ISBN 978-3-7408-1509-7

Alexandra Schlennstedt,
Jobst Schlennstedt
111 Orte in Bielefeld, die man gesehen haben muss
ISBN 978-3-7408-1653-7

Jörn Heller
111 Orte in Siegen-Wittgenstein, die man gesehen haben muss
ISBN 978-3-7408-0976-8